40

minęło

jak ....

Ewa **gotuje**

Z okazji
40 urodzin

Wszystkiego
Najlepszego
Kochany
Tomusiu

— Oscar —
i
— Madzia —

Ewa Wachowicz

Ewa **gotuje**

Wprowadzenie

Pasję do gotowania zaszczepiła we mnie moja Mama, która w każdą niedzielę podawała świąteczny obiad – z kompotem i deserem. Zresztą w naszej rodzinie zawsze dużą wagę przywiązywało się do wspólnych posiłków. Rodzinne śniadanie i właśnie obiad, w co dziś coraz trudniej uwierzyć, były obowiązkowe. Za to kolację traktowano trochę po macoszemu, więc często „kucharzyliśmy" z bratem i właśnie wtedy zaczęła się moja kulinarna przygoda. Miałam zaledwie jedenaście lat, gdy samodzielnie zrobiłam swoje pierwsze ciasto. Mniej więcej z tamtego okresu pochodzą też moje zeszyty z przepisami. Pierwszy założyłam będąc nastolatką, przy okazji kursu gotowania. Drugi powstał na kursie pieczenia. Kolejne były tylko kwestią czasu i kulinarnych doświadczeń. Zwyczaj zapisywania fajnych receptur sprawił, że jeśli jestem u znajomych i coś mi zasmakuje, robię notatki. Podobnie jest na przyjęciach czy w restauracjach – w Polsce i na świecie. Zbieram przepisy i pomysły od najlepszych kucharzy, jak też od zwykłych ludzi. Później, już w domu, staram się odtworzyć smak i wygląd potrawy. Moje kulinarne hobby zaowocowało własnym programem „Ewa gotuje", kręconym dla TV Polsat. Podczas realizacji spełniło się też moje marzenie, by na własne oczy zobaczyć i dotknąć przypraw rosnących w naturze. Na Sri Lance, dosłownie na wyciągnięcie ręki, miałam i pieprz, i wanilię, ale „niesamowitym zjawiskiem" była dla mnie gałka muszkatołowa – niepozorny na pierwszy rzut oka owoc, przypominający gruszkę czy śliwę, skrywający w środku piękny kwiat o barwie szkarłatu, otulający niebywale cenną i aromatyczną pestkę. Na ekranie zdjęcia z tropiku trwały dosłownie chwilę, w książce zatrzymały się jak na stopklatce. Program telewizyjny ma krótkie życie. By zatrzymać chwilę i podzielić się zbiorami kulinarnymi napisałam tę książkę. W tym miejscu powinnam podziękować całej mojej telewizyjnej rodzinie. Ekipie jako całości i każdemu z osobna. Dzięki nim goszczę w Państwa domach.

Reżyser: Grzegorz Lewandowski – cierpliwie czuwa nad całością, prywatnie i zawodowo: specjalista od horrorów;
Scenarzysta: Darek Wojtala – pilnuje mego gadulstwa na planie, przy okazji jeden z najlepszych redaktorów, z którymi pracowałam;
Autor zdjęć: Henryk Kępa – sprawnie dowodzi całym pionem operatorskim, niczym... król Henryk VIII;
Operator i fotograf na planie: Rafał Ziętara – mistrz... ciętej riposty;
Operator: Wojciech Kędzior – kawał chłopa, czasem dorwie się też do aparatu;
Operator: Wojciech Krygier;
Dźwiękowiec: Krzysztof Suchodolski – bacznie słucha i poprawia moje przejęzyczenia, chodzące dobro i spec od... walki wręcz, miłośnik sportowych fordów cosworth;
Kierownik produkcji: Edward Gryszczyk – trzyma rękę na pulsie i czuwa nad całą ekipą, uwielbia sok z żurawiny;
Kierownik planu: Artur Wachowicz – pogodnie goni wszystkich do roboty, prywatnie mój brat;
Scenograf: Aleksandra Twardowska – pomysłowo łączy moje gotowanie z wystrojem kuchni i pięknie nakrytym stołem;
Charakteryzatorka i stylistka: Anna Pilawska-Baranowska – pięknie mnie maluje i ubiera, ciągle też krzyczy „Ewka, wciągaj przeponę!";
Asystenci kamer: Andrzej Lisowski i Andrzej Zydroń – dbają o sprzęt i pilnują materiałów (by nic nie zginęło w drodze do montażowni);
Montażyści: Marek Klimaszewski i Piotr Zmyślony – sprawnie składają zdjęcia z trzech kamer w jedną zgrabną całość;
Oświetlacze: Andrzej Groński, Marcin Pałczyński, Dariusz Wojas, Przemysław Sosnowski, Mariusz Kubik (jeśli któregoś z „Gaffersów" nie wymieniłam, to bardzo przepraszam) – dzięki nim nawet w nocy jest dzień;
Autor muzyki: Dominik Kwaśniewski;
Piosenka tytułowa: Sebastian Thiel – kompozytor, Robert Krawczyk – autor tekstu;
Obsługa planu: Teresa Kureleusz, Agnieszka Lisowska, Anna Maria Suchodolska – dzięki nim mam porządek w kuchni;
Alicja Lisowska – dzięki niej mam porządek w biurze.

Spis treści

Przed obiadem

Zupy

Kurczę pieczone i nie tylko

Dla mięsożerców

Ryby

Dla tych, którzy mięsa nie jedzą

W świątecznym podarunku

Desery

Przed obiadem

1 Domowy chleb

2 Pasty kanapkowe: z makreli, jajeczna, serowa, z awokado

3 Sos tzatziki

4 Chipsy selerowe

Z domu pod Wawel mam na piechotę kilkanaście minut. Bywa, że dzień zaczynam właśnie od spaceru nad Wisłą.

***Chociaż** z naszych domostw dawno zniknęły piece chlebowe, wiele gospodyń nadal pielęgnuje sztukę własnoręcznego wypieku chleba! I słusznie, bo takie pieczywo jest nie tylko przepyszne, ale także bardzo zdrowe.*

Domowy chleb

Chociaż z naszych domostw dawno zniknęły piece chlebowe, wiele gospodyń nadal pielęgnuje sztukę własnoręcznego wypieku chleba! I słusznie, bo takie pieczywo jest nie tylko przepyszne, ale także bardzo zdrowe – szczególnie, jeśli jest robione na mące orkiszowej, która wraca do łask wraz z modą na ekologiczną żywność.

zakwas:

50 g mąki żytniej razowej
50 g mąki pszennej
300 ml wody
40 g drożdży
1 łyżeczka cukru

300 g pszenicy
1 szklanka otrębów żytnich
1 łyżeczka soli
ew. 2 jajka
szczypta czarnuszki lub ziaren słonecznika

Zrobić tzw. krótki zakwas (np. wieczorem poprzedniego dnia). Drożdże rozpuścić w wodzie, dodać mąkę, mąkę żytnią razową i cukier. Wymieszać.
Pszenicę wsypać do robota z ostrymi nożami i zemleć na mąkę. Dodać zakwas, otręby i sól (ew. jajka). Wyrobić ciasto. Przełożyć do prostokątnej foremki i wstawić do piekarnika nagrzanego do 50 st. C. Gdy ciasto wyrośnie i podwoi swoją objętość, zwiększyć temperaturę do 200 st. C i piec ok. 45 minut, aż patyczek wbity do chleba będzie suchy.
Podawać z rzodkiewką i pomidorem.

Ewa podpowiada:
Domowy chleb na mące orkiszowej jest niezastąpiony podczas stosowania diety Michela Montignaca. Ale uwaga: zgodnie z zaleceniami dietetyka węglowodany można jeść tylko na śniadanie. W dodatku jeśli decydujemy się na pieczywo, to najlepiej, aby było z mąki z grubego przemiału, bogatej w witaminę C, błonnik i minerały. A ponieważ Montignac zabrania łączenia węglowodanów i tłuszczów, na kromkach nie powinien znaleźć się ani gram masła! Kto chce, może podać domowy chleb z chudą wędliną, bo dozwolone jest zestawianie węglowodanów z białkami. Można też posmarować pieczywo dżemem lub konfiturą bez cukru.

Pasty kanapkowe

Zawsze kiedy jestem w Wiedniu, odwiedzam tamtejszą najsłynniejszą bodaj kanapkarnię u Trześniewskiego. To maleńki bufet z zaledwie kilkoma stolikami i niezliczoną... ilością kanapek z najrozmaitszymi pastami! Nieopodal mieszkał Franz Kafka i był częstym gościem tegoż lokalu – zachodził tam na kanapkę ze szklaneczką piwa. Ja nie gustuję w chmielowym trunku, za to bardzo lubię kanapki. Dlatego w domu często robię pasty kanapkowe – doskonale komponują się ze zwykłym chlebem, pumperniklem czy też krakersami. Pasty przygotowuję w malakserze. Można je też utrzeć w makutrze.

Ewa podpowiada:
Podstawą pasty jajecznej są jajka ugotowane na twardo. Trzeba jednak poświęcić im trochę uwagi. Ja wkładam jaja do wrzątku i gotuję 10 minut. Nie dłużej, bo zbyt długo gotowane żółtka sinieją na styku z białkiem. Dla smaku nie ma to żadnego znaczenia, ale wpływa na wygląd pasty – lepiej, by była żółciutka jak kaczeńce.

Pasta z makreli

25 dag wędzonej makreli (1 cała tuszka)
1 ogórek kiszony średniej wielkości
1 średnia cebula
1 łyżka majonezu
1 łyżka musztardy
pęczek koperku
sól
pieprz

Cebulę obrać, zmiksować z obranym ze skóry ogórkiem. Dorzucić makrelę (pozbawioną skóry i ości), dodać musztardę i majonez. Zmiksować na gładką masę. Przyprawić solą i pieprzem. Dodać posiekany koperek. Wymieszać.

Pasta jajeczna

6 jajek na twardo
1 łyżka musztardy
3-4 łyżki kwaśnej śmietany
pęczek szczypiorku
sól
pieprz

Składniki zmiksować. Przyprawić solą i pieprzem. Dodać posiekany szczypiorek. Wymieszać.

Pasta serowa

25 dag białego sera
4-5 rzodkiewek
2 łyżki kwaśnej śmietany
1 ząbek czosnku
szczypta ostrej papryki w proszku
½ łyżeczki słodkiej papryki w proszku
sól
pieprz

Ser przetrzeć przez sito, dodać przeciśnięty przez praskę czosnek, śmietanę i obie papryki. Wymieszać. Doprawić solą i pieprzem. Dorzucić pokrojoną w słupki rzodkiewkę (można ją też pociąć na plasterki i położyć na kanapce z pastą).

Pasta z awokado

1 dojrzałe awokado
1 szalotka lub 2 dymki (wraz ze szczypiorem)
sok z ½ cytryny
1 łyżka majonezu
sól
pieprz

Awokado rozkroić, wyjąć pestkę, miąższ wybrać łyżką, rozdrobnić widelcem. Połączyć z sokiem z cytryny i majonezem. Dodać drobno posiekaną cebulę. Przyprawić solą i pieprzem.

Ewa podpowiada:
Pasty kanapkowe są idealne na piknik – najlepiej smakują z pumperniklem lub paluchami, którymi można wybierać je wprost z pojemników.

Pieprz

Może dzisiaj trudno w to uwierzyć, ale w średniowiecznej Europie każda panna marzyła o posagu wypłaconym w... ziarenkach pieprzu. Powszechna dzisiaj przyprawa była bowiem tak cenna, że używano jej zamiast pieniędzy! Urokowi pikantnych ziaren ulegały nie tylko niewiasty, marzyły się też powszechnie panującym, więc nieustraszeni żeglarze wyruszali po nie na kraniec ówczesnego świata.

Dzisiaj w niewielkich nawet sklepach dostaniemy nie tylko pieprz czarny, ale i różnokolorowy. Co ciekawe: ten rosnący w naturze jest zielony, gdy dojrzeje – robi się czerwony. Czarny otrzymywany jest z niedojrzałych, zielonych ziaren, które suszy się na słońcu. By zachować zieloną barwę pieprz konserwowany jest w occie lub solance. Biały powstaje po ugotowaniu i wymoczeniu dojrzałych, czerwonych jagód w morskiej wodzie i pozbawieniu ich wierzchniej powłoczki.

Obecnie największe uprawy pieprzu znajdują się w Indiach, a handel nim to aż czwarta część światowego rynku przypraw. Najstarsze dokumenty wzmiankujące o pikantnych ziarnach pochodzą z IV w. przed Chrystusem, a więc z czasów, gdy obracali nimi Arabowie i mieszkańcy starożytnego Rzymu. Początkowo ceny pieprzu osiągały astronomiczne kwoty, zdarzało się nawet, że był dosłownie na wagę złota – dawano zań tyle kruszcu, ile sam ważył! Nic więc dziwnego, że pikantna przyprawa skłoniła Europejczyków do poszukiwania morskiej drogi na Wschód, co koniec końców przyczyniło się do rozkwitu kolonii i odkrycia obu Ameryk.

Sos tzatziki

Ten pyszny grecki dip, czyli sos na zimno, podawany jest praktycznie do wszystkiego. I do mięs, i do pieczywa, i do grillowanych warzyw. Przepis na tzatziki przywiozłam z Grecji, a dostałam go od Zofii Feaux de la Croix, urodziwej Polki – żony niemieckiego ambasadora w Atenach.

1 ogórek
1 łyżka octu winnego
1 ząbek czosnku
1 szklanka jogurtu
sól
pieprz

Ogórka umyć, ale nie obierać! Zetrzeć na grubej tarce, posolić i zostawić na parę minut. Gdy puści sok, odcisnąć dokładnie. Do jogurtu (najlepszy jest oryginalny grecki, a taki można już w Polsce dostać) wycisnąć ząbek czosnku, dodać odciśnięty ogórek i ocet winny. Doprawić solą oraz pieprzem.

Ewa podpowiada:
Polecam tzatziki z pokrojonymi w słupki surowymi warzywami, np. z marchewką i papryką.

4

Chipsy selerowe

Bardzo proste w przyrządzaniu, do tego niskokaloryczne – kilogram selera to zaledwie 40 kalorii! Są idealną przystawką przed daniem głównym. Jako przekąska z powodzeniem zastepują chipsy z ziemniaków, więc pozwalam na nie nawet mojej córce Oli!

1 seler
oliwa lub olej do smażenia
sól

Obrany seler pokroić na cieniuteńkie plasterki. Na patelni rozgrzać kilka łyżek dobrej oliwy i usmażyć selerowe krążki na złoty kolor. Chipsy przełożyć na papierowy ręcznik, by ociekły z nadmiaru tłuszczu. Posolić do smaku.

Ewa podpowiada:
Seler najlepiej pokroić na szatkownicy do ogórków. Trochę grubsze plastry można zanurzyć w gęstym cieście naleśnikowym i usmażyć w głębokim tłuszczu.

Zupy

Zdarza się, że przed sesją nagraniową staram się zgubić kilka kilogramów, więc zajadam się zupą kapuścianą.

***Gdy** wróciłam z tropikalnej Sri Lanki, gdzie filmowałam różne owoce i przyprawy, nabrałam ochoty na zupę, w której główną rolę gra mleczko kokosowe. Udałam się do najbliższych delikatesów, do działu z żywnością orientalną, i – ku memu zdziwieniu – dostałam wszystkie niezbędne składniki, łącznie z trawą cytrynową i suszonymi liśćmi kaffiru, które w kuchni azjatyckiej są używane tak powszechnie, jak w naszej liście laurowe.*

Ogórkowa bez sporów

Ulubiona zupa nie tylko mojej córki Oleńki, ale również i moja. Od lat smakuje mi w wersji czystej, bez dodatków. Ola wybiera opcję z ziemniakami. Nie wchodzę więc w spory czy ogórkowa lepsza jest z ziemniakami, czy z ryżem. By zupa była naprawdę pyszna, trzeba jednak smacznych, najlepiej domowych, ogórków i wyśmienitej spod nich wody – to ona nadaje smak ogórkowej. Jak dobrze, że w piwnicy mam ogórkowe zapasy przywiezione z rodzinnych Klęczan (recepturę autorstwa mojej mamy podaję zaraz po przepisie na zupę).

wywar jarzynowy:

2 marchewki
1 pietruszka
½ selera
1 cebula
1 por
1 liść laurowy
1 łyżka suszonego lubczyku
4 szklanki wody
1 łyżka masła

3 duże kiszone ogórki
1 szklanka wody spod ogórków
1 szklanka kwaśnej śmietany
1 łyżka masła
pęczek koperku
sól
pieprz

jako dodatek do zupy:

2 ugotowane i pokrojone w kostkę ziemniaki
lub ugotowany ryż

Marchewki, pietruszkę i seler pokroić na kawałki, pora obrać z wierzchnich liści, cebulę z łupin. Jarzyny dobrze wypłukać pod bieżącą wodą, przełożyć do garnka, przesmażyć na maśle, zalać wodą. Dodać liść laurowy i lubczyk (by zioła nie pływały w ogórkowej, wsypać je do papierowej torebki służącej do parzenia liściastej herbaty). Gotować mniej więcej 1 godzinę (w szybkowarze 10-15 minut). Torebkę z lubczykiem wyjąć, warzywa przecedzić na sicie – dobrze odcisnąć, by oddały cały smak.
Ogórki obrać ze skórki i pokroić w drobną kostkę (można je zetrzeć na tarce o grubych oczkach), po czym podsmażyć na patelni – na maśle (ok. 5 minut, na wolnym ogniu). Ogórki dodać do wywaru, a wodę spod ogórków wlać na patelnię, „wymyć" cały smak i dodać do zupy. Śmietanę zahartować odrobiną gorącego płynu i dolać do garnka. Całość gotować jeszcze ok. 5 minut na małym ogniu. Na samym końcu wrzucić ugotowane i pokrojone w kostkę ziemniaki (przyrządzić je osobno, gdyż w kwaśnej zupie gotowałyby się bardzo długo) oraz posiekany koperek. Kartofle można też wrzucić do wywaru jarzynowego wcześniej, a dopiero gdy zmiękną, dodać ogórki i wodę z kiszenia. Zupę doprawić do smaku solą i pieprzem.

Ewa podpowiada:
Moja mama zawsze robi ogórkową na bulionie. Jeśli w niedzielę na obiad podaje rosół z makaronem, w poniedziałek na resztce bulionu gotuje właśnie zupę ogórkową. Nieco zmodyfikowałam jej recepturę i ogórkową przyrządziłam na wywarze jarzynowym. Można zrobić ją na kostce warzywnej, ja jednak zachęcam do ugotowania domowego bulionu. Żeby było szybciej, wywar proponuję zrobić w szybkowarze.

Ogórki z ziemi gorlickiej

zalewa:
na 1 litr wody – 5 dag soli

do słoika wkładamy (proporcje na 2-litrowy słoik z szeroką szyjką):
2 ząbki czosnku
4-5 ziaren ziela angielskiego
gałązkę kopru (najlepiej z nasionami)
korzeń chrzanu (ok. 5 cm)
5-6 listków czarnej wiśni
5-6 listków czarnej porzeczki
ogórki

Na dnie słoika ułożyć połowę listków wiśni i porzeczki – nadają smak oraz zapobiegają fermentacji (dzięki zawartym w nich garbnikom). Włożyć dokładnie umyte ogórki (ciasno i pionowo). Dodać chrzan podzielony wzdłuż korzenia na 2-3 części (ogórki będą jędrne i nie zmiękną z upływem czasu). Wrzucić czosnek, ziele angielskie i koper. Na samym wierzchu ponownie ułożyć liście wiśni i porzeczki. Wodę zagotować z solą i takim solankowym wrzątkiem zalać słoik z ogórkami. Zakręcić i na 2-3 dni zostawić w temperaturze pokojowej. Później przenieść do chłodnej piwnicy.

Ewa podpowiada:
Jeśli szybko chcę mieć ogórki małosolne, przed kiszeniem ścinam im czubki i do zalewy daję mniej soli (3 dag na 1 l) oraz skórkę razowego chleba. Zostawiam na blacie kuchennym – po trzech, czterech dniach są gotowe do jedzenia i takie właśnie lubię najbardziej!

Prowansalska selerowa

Zawsze przed walentynkami przyrządzam potrawy z... afrodyzjakami w roli głównej. W tej roli najlepiej sprawdzają się ostrygi, ale ponieważ wielu moich znajomych za owocami morza nie przepada, często robię zupę krem z rodzimego selera – ponoć też świetnie wpływa na libido, zwłaszcza w towarzystwie grzanek natartych czosnkiem. Przepis przywiozłam z Francji – tą wspaniałą potrawą poczęstowała mnie mama mojego francuskiego przewodnika po okolicach Nicei.

½ kg selerów
½ kg ziemniaków
1 por
2 cebule
ok. 1 l wywaru jarzynowego
1 listek laurowy
1 szklanka śmietany
2 łyżki oliwy
sól
świeżo zmielony pieprz
natka pietruszki

grzanki z czosnkiem

Selery i ziemniaki obrać, pokroić w kostkę. Cebule też pokroić w kostkę, ale bardzo drobną, a białą część pora – dla odmiany – w półplasterki. W garnku rozgrzać oliwę i wrzucić wszystkie pokrojone warzywa. Smażyć na średnim ogniu ok. 10 minut, mieszając od czasu do czasu. Zalać wywarem jarzynowym, dodać listek laurowy, sól, świeżo zmielony pieprz i gotować ok. 20 minut. Zmiksować na gładki krem. Śmietanę zahartować odrobiną gorącej zupy i wlać do garnka. Zamiast śmietany można użyć mleka – zupa zrobi się lżejsza i tym samym bliżej jej będzie do prowansalskiego pierwowzoru. Na samym końcu dodać drobno pokrojoną pietruszkę. Podawać z grzankami natartymi czosnkiem.

Kapuściana na sylwetkę

Jak wiadomo kamera dodaje kilka kilogramów, więc zdarza się, że przed sesją nagraniową do „Ewa gotuje" staram się ich trochę zgubić. Przez trzy dni zajadam się tylko tą zupą, bo kapuścianka spala tłuszcz w organizmie i w krótkim czasie pozwala zrzucić „nadbagaż". Co ważne: można ją jeść przez kilka dni, za każdym razem przyprawiając zupełnie inaczej. Praktycznie nie ma ograniczeń w spożywaniu tejże zupy! Szkoda tylko, że to samo nie dotyczy wszystkich słodkości... Trzydniową kurację odchudzająco-oczyszczającą funduję sobie też po każdych świętach. Nie żebym objadała się w świąteczne dni... Robię to, by powrócić do dobrej formy!

1 główka kapusty
2 papryki
2 cebule
1 seler naciowy
4 pomidory (ew. 1 puszka konserwowych)
2 ząbki czosnku
1 bulwa kopru włoskiego
2 liście laurowe
5-6 ziarenek ziela angielskiego
2 łyżeczki ziół prowansalskich
pęczek natki pietruszki
2 łyżki oliwy
sól
pieprz

Kapustę (np. włoską) pokroić na ćwiartki, usunąć głąb, poszatkować. Wrzucić do dużego garnka i zalać wodą. Zagotować, odcedzić. Wszystkie warzywa dokładnie umyć. Seler naciowy pokroić w plasterki. Z papryki usunąć gniazda nasienne i pokroić w kostkę. Koper włoski (czyli fenkuł) w cienkie paski, cebule i czosnek w drobną kostkę. Na patelni rozgrzać oliwę i wrzucić pokrojone warzywa. Smażyć ok. 3 minut, po czym przełożyć do garnka z kapustą. Pomidory naciąć na „czubku", sparzyć we wrzątku (kilka sekund), obrać ze skórki, pokroić na ćwiartki i usunąć twardą część przy szypułce. Dodać do warzyw. Doprawić liśćmi laurowymi, ziołami prowansalskimi i zielem angielskim. Zalać 3 litrami wody i gotować ok. 30 minut na wolnym ogniu. Doprawić solą i pieprzem. Na końcu dodać drobno pokrojoną natkę pietruszki. Zupę schłodzić i włożyć do lodówki.

Ewa podpowiada:
Zupy kapuścianej odgrzewać tylko tyle, ile zamierzamy zjeść. Pierwszego dnia smakuje wyśmienicie. By ją urozmaicić doprawić kolejne porcje wedle osobistych upodobań, np. sosem sojowym, świeżą bazylią lub kolendrą. Następny talerz można zaostrzyć chili i imbirem. Trzeciego dnia kapuścianej diety, kiedy zupa trochę się znudzi, zmiksować i podać na zimno – jako krem warzywny.

Brokułowy krem z migdałami i bryndzą

Zupę krem z brokułów ugotowałam w odcinku „Ewa gotuje" o dietach zgodnych z grupami krwi. Taka jarzynowa odpowiednia jest dla ludzi z grupą krwi A. Co istotne: bez przeszkód mogą ją jeść również właściciele 3 pozostałych grup – B, AB i 0!

2-3 brokuły (ok. 600 g)
sól
szczypta cukru do gotowania

2 ząbki czosnku
100 g bryndzy
100 g płatków migdałowych
1 łyżka masła
sól
pieprz

Brokuły umyć, odciąć różyczki. Łodygi obrać ze skórki i pokroić na kawałki. Wrzucić do osolonego wrzątku. Dodać szczyptę cukru (by warzywa nie straciły koloru). Gdy zmiękną, dodać różyczki i gotować ok. 5 minut. Brokuły wyłowić łyżką cedzakową, przełożyć do miksera i dolać wodę, w której się gotowały (do ⅔ wysokości naczynia; można też użyć ręcznego blendera, trzeba jednak odlać trochę wywaru). Zmiksować na gładki krem. Zupę przelać do garnka, doprawić solą, świeżo zmielonym pieprzem i czosnkiem przeciśniętym przez praskę. Gdy krem jest zbyt gęsty, dolać jeszcze trochę wody spod brokułów. Na patelni stopić masło. Nie czekając, aż zbrązowieje, dodać płatki migdałów i usmażyć na złoty kolor.

Zupę wlać do głębokiego talerza, na środku dać pokruszoną bryndzę. Z bryndzy kremowej można zrobić łezki (za pomocą dwóch łyżeczek), np. w kształcie kwiatka. Zezłoconymi migdałami posypać brzeg talerza – dookoła. Dzięki migdałowym płatkom zupa pięknie wygląda, natomiast bryndza nadaje jej ostrego charakteru. Zupę serwować posypaną parmezanem, z grzankami czosnkowymi.

Ewa podpowiada:
Krem z brokułów można podać z kleksem kwaśnej śmietany i prażonymi pestkami słonecznika. Inna wersja: ugotowane brokuły zmiksować z mlekiem, doprawić ulubionymi przyprawami.

9

Orientalna zupa rybna

Gdy wróciłam z tropikalnej Sri Lanki, gdzie filmowałam różne owoce i przyprawy, nabrałam ochoty na zupę, w której główną rolę gra mleczko kokosowe. Udałam się do najbliższych delikatesów, do działu z żywnością orientalną, i – ku memu zdziwieniu – dostałam wszystkie niezbędne składniki, łącznie z trawą cytrynową i suszonymi liśćmi kaffiru, które w kuchni azjatyckiej są używane tak powszechnie, jak w naszej liście laurowe (ich działanie jest jednak zupełnie inne – potrawie nadają głęboki cytrynowy smak).

2 filety z białej ryby, np. pangi (400-500 g)
2 puszki mleczka kokosowego (po 400 g)
3-4 czerwone papryczki chili
2-3 łyżki sosu rybnego
1-1½ szklanki wody
1 cm świeżego kłącza imbiru
sok z ½ cytryny (ok. ¼ szklanki)
2 łyżeczki cukru
3-4 liście kaffiru (ew. liście limonki)
1 pęd trawy cytrynowej
garść groszku cukrowego w strąkach
pęczek świeżej kolendry
sól

Do garnka wlać wodę i mleczko kokosowe. Postawić na gazie. Trawę cytrynową przeciąć na pół i lekko rozbić tłuczkiem do mięsa – by wydobyć z niej cytrynowy aromat (nawet świeża, dostępna już w Polsce, jest lekko obeschnięta i wymaga tego zabiegu). Gdy woda z mleczkiem się zagotuje, zmniejszyć ogień, dodać trawę cytrynową i liście kaffiru. Papryczki przekroić na pół, usunąć gniazda nasienne i pokroić w drobną kostkę. Dorzucić do garnka. Imbir obrać, pokroić na cieniutkie plasterki i dodać do zupy. Groszek umyć i w całości włożyć do garnka. Filety pokroić w paseczki i delikatnie umieścić w gotującej się zupie. Gotować 3-5 minut. Zdjąć z ognia, dodać sos rybny, sok z cytryny i cukier. Wymieszać. Doprawić solą do smaku (sos rybny jest dość słony). Już na talerzu posypać posiekaną kolendrą.

Chili

Choć papryka chili pochodzi z Ameryki Łacińskiej (na terytorium dzisiejszego Meksyku uprawiano ją ponad 9 tys. lat temu), to dzięki hiszpańskim statkom handlowym epoki wielkich odkryć zna ją chyba cały świat. Niezależnie od długości i szerokości geograficznej w smaku zawsze jest bardzo ostra, a nawet piekąca. Za paprykową ostrość opowiada substancja o nazwie kapsaicyna. Najwięcej znajdziemy jej w nasionach i przegrodach oddzielających gniazda nasienne, więc przed dodaniem do potrawy najlepiej usunąć je z chili. Radzę przy tym uważać, by przez przypadek nie zatrzeć oka – pieczenie jest nie do zniesienia!

W kuchni używam zarówno papryki świeżej (niedojrzałej zielonej i dojrzałej czerwonej) oraz suszonej – w całości, a następnie mielonej. Chętnie sięgam też po sosy i przyprawy z dodatkiem chili. Ale uwaga: potrawy z pikantną papryczką są tym ostrzejsze, im dłużej je gotujemy czy smażymy!

Kokos

Palma kokosowa jest drzewem wysokim – potrafi osiągnąć 30 metrów. Nic więc dziwnego, że jej owoce, czyli rosnące pod „pióropuszem" liści orzechy, najczęściej zbierane są przez wykwalifikowanych wspinaczy. Niekiedy na ziemię zrzucają je... tresowane małpy. Dużo rzadziej spadają same.

Owoc palmy składa się z włóknistej łupiny (niedojrzała jest zielona, dojrzała pomarańczowa) oraz z bardzo twardego jądra. W środku orzecha znajduje się słodki, biały płyn. Ale uwaga: nie jest to mleczko kokosowe, tylko kokosowa woda – napój idealnie gaszący pragnienie i z tego powodu bardzo ceniony wszędzie tam, gdzie orzech kokosowy rośnie (pije się go wprost z łupiny).

Mleczko kokosowe powstaje z białej pulpy (przylega do ścianek orzecha). Po przelaniu wodą otrzymuje się śmietankę, po powtórnym potraktowaniu płynem powstaje mleczko. Wszędzie tam, gdzie się je wytwarza, sprzedawane jest świeże. Do nas trafia w puszkach, niekiedy bywa dodatkowo zagęszczone (można też kupić mleczko kokosowe w proszku). W kuchniach Dalekiego Wschodu używane jest do wielu potraw, jak chociażby wyśmienite orientalne zupy rybne, i deserów.

Po wysuszeniu kokosowa pulpa nazywa się koprą – robi się z niej wiórki, a także olej i masło kokosowe. Wiórki można kupić gotowe, ale najlepsze są przygotowane własnoręcznie ze świeżych owoców – wystarczy wyjąć z nich miąższ i utrzeć.

Trawa cytrynowa

Nie wyobrażam sobie kuchni azjatyckiej bez trawy cytrynowej! Ta tropikalna przyprawa dodawana jest dosłownie do wszystkiego: zup, sosów, mięsa, ryb, owoców morza, sałatek, marynat i deserów... Nic dziwnego, bowiem jest jak mitologiczny król Midas, z tą jednak różnicą, że wszystkiemu, z czym się zetknie, nadaje delikatny smak oraz zapach cytryny – strawa pozostaje strawą, nie zamienia się w złoto...

Świeże pędy dodajemy w całości lub posiekane. Warto je trochę nagnieść, by uwolnić aromat (także dlatego, że w kraju takim jak Polska, a więc oddalonym od tropików, świeżość trawy cytrynowej jest raczej umowna...). Używamy tylko części dolnej, górna nie nadaje się do gotowania z powodu nadmiernej włóknistości. Jeśli kupimy pędy suszone, to najpierw moczymy je we wrzątku. Mieloną trawę cytrynową, bo i taką można dostać, dosypujemy do potraw bez wstępnej obróbki. Trawa cytrynowa doskonale sprawdza się też jako dodatek do herbaty – tak czarnej, jak i zielonej – bowiem nadaje jej delikatny, cytrynowy posmak (bez kwaśności charakterystycznej dla cytryny). Mieszkańcy Ameryki Południowej idą jeszcze dalej – rezygnują z herbaty i robią napar jedynie z tej przyprawowej rośliny!

Kurczę pieczone i nie tylko

Większość *ze znanych mi mężczyzn nie jada kurzego mięsa – zupełnie nie rozumiem dlaczego... Postanowiłam więc „zmierzyć się" z... męskim urazem do drobiu! Nie jest to trudne, bowiem posiadam sekretny przepis na kurze piersi, którym nie oprze się żaden facet!*

„Ewa gotuje" od kuchni...

Kura na patyku

Większość ze znanych mi mężczyzn nie jada kurzego mięsa – zupełnie nie rozumiem dlaczego... Postanowiłam więc „zmierzyć się" z... męskim urazem do drobiu! Nie jest to trudne, bowiem posiadam sekretny przepis na kurze piersi, którym nie oprze się żaden facet! Recepturę zawdzięczam aktorce Eli Zającównej. Niegdyś podglądałam jak przygotowuje drobiowe szaszłyki na grilla. Jakież było moje zdziwienie, kiedy podała je na stół i z apetytem zajadał się nimi pewien niezwykle interesujący... jegomość! Nigdy nie zapomnę miny, jaką zrobił, gdy dowiedział się, że właśnie spałaszował piersi z kurczaka! Był osobnikiem jak najbardziej mięsożernym, ale drobiu do ust nie brał od czasu, kiedy kury na fermach karmione są mączką rybną.
Mięso przygotowane w ten sposób doskonale smakuje nie tylko facetom, ale też dzieciom-niejadkom. Przetestowałam to na mojej córeczce Oli. Choć od maleńkości jest gorsza od chłopa – nie tylko nie przepada za drobiem, ale także za mięsem wszelakim – specjalnie na jej życzenie muszę robić kurze szaszłyki prawie każdego tygodnia! Ostatnio zjadła je na obiad i... kolację. Następnego ranka po przebudzeniu spytała, czy został choć jeden „patyczek", bo chciałaby go na śniadanie!

4 piersi z kurczaka

marynata:
8 łyżek jasnego sosu sojowego
8 łyżek oliwy
4 ząbki czosnku
1 łyżeczka mielonego imbiru
1 cebula (kto chce)
ew. 1 łyżka miodu

Czosnek przecisnąć przez praskę, dodać imbir, sos sojowy i oliwę. Energicznie mieszać – aż do momentu uzyskania gładkiej emulsji. Piersi pociąć wzdłuż na paski o szerokości 1 cm i zanurzyć w marynacie. Wymieszać bardzo dokładnie, by płyn równomiernie pokrył całe mięso. Można dodać łyżkę miodu – podczas pieczenia zrobi się chrupiąca glazura. Kto chce może też dać cebulę pokrojoną na ćwiartki. Uwaga: kurze piersi trzeba zamarynować na kilka godzin przed pieczeniem (minimum pół godziny). Jeśli mięso przygotowujemy dzień wcześniej, wkładamy je do lodówki.
Paski zabejcowanego kurczaka (tak fachowcy mówią na marynowane mięsiwo) nabić fantazyjnie na patyczki do szaszłyków – wcześniej dobrze jest namoczyć je w wodzie, co zapobiegnie przepaleniu. Mięso zapiec na złoty kolor – ok. 20 minut w piekarniku nagrzanym do 180 st. C. Kurze piersi można też usmażyć na patelni w oleju słonecznikowym, a latem upiec na ruszcie.

Ewa podpowiada:
Niezwykły smak kury na patyku jest zasługą odpowiedniej marynaty. Jej bazą jest sos sojowy – do niedawna szalenie egzotyczny, teraz bez problemu dostępny niemal w każdym większym sklepie. To on nadaje białemu mięsu piękny bursztynowy kolor, a przy tym jest słony, więc mięsa solić już nie trzeba. Do tej marynaty najlepszy będzie sos sojowy jasny (ciemny jest zbyt ekstraktywny).

Podawać z ryżem i sałatą lodową z sosem winegret. Można też serwować na zimno – jako doskonałą przekąskę i dodatek do wszelkiego rodzaju sałat.

Ryż do kurzej piersi

1 szklanka ryżu
3 szklanki wody
½ łyżki masła
sól
natka pietruszki

Masło zbrązowić na patelni. W maśle przesmażyć ryż. Gdy się zeszkli, przełożyć do garnka i zalać wodą (w proporcjach 1 szklanka ryżu na 3 szklanki wody). Posolić wedle uznania. Przykryć i ugotować. Podawać z posiekaną natką pietruszki.

Sałatka z domowym winegretem

1 sałata lodowa
2 pomidory

sos winegret:
1 ząbek czosnku
1 łyżeczka soli
1 łyżka musztardy
sok z ½ cytryny
1 łyżka brązowego cukru
szczypta bazylii
szczypta tymianku
8 łyżek oliwy

Z sałaty usunąć głąb. Liście podrzeć, wrzucić do miski. Dodać pokrojone pomidory, wymieszać.
Przygotować sos winegret. Czosnek przecisnąć przez praskę, posolić, dodać musztardę (polecam dijońską z miodem), sok z połowy cytryny i cukier (najlepszy będzie brązowy). Przyprawić ziołami – roztartymi uprzednio w dłoniach. Wymieszać. Następnie, cały czas mieszając, dolać oliwę.

Sos dodać do sałatki tuż przed podaniem.

Ryż

Może wydaje się to nieprawdopodobne, ale istnieje ok. 7 tys. odmian ryżu. Mało tego: naukowcy ciągle pracują nad nowymi! Ostatnio wyhodowali ponoć wersję, która do ugotowania potrzebuje znacznie mniej wody, a co za tym idzie jej przyrządzenie pochłania mniej energii. Na całe szczęście gatunków tego zboża, bo ryż botanicznie jest właśnie zbożem, doliczono się „zaledwie" 20 i niemal wszystkie dają się zaklasyfikować do kilku kategorii. I tak: brązowy to ciemny ryż niełuskany, a więc z otrębami. Jest najzdrowszy, bo zawiera dużo witamin i soli mineralnych. Po usunięciu otrębów otrzymujemy ryż biały. Ten z kolei dzieli się na 3 grupy: długoziarnisty, krótkoziarnisty i ryż średni. Jest też czarny ryż dziki, ale jego twarde, podłużne ziarna to nasiona trawy (smakuje podobnie do ryżu niełuskanego).

Choć w polskich jadłospisach ryż zagościł na dobre już ponad 100 lat temu, po dziś dzień wielu z nas ma problemy z jego właściwym przyrządzeniem! Zanim więc zabierzemy się za przygotowanie czegokolwiek z udziałem ryżu radzę upewnić się, czy mamy pod ręką odpowiednią odmianę. Do zrobienia na sypko najlepszy będzie długoziarnisty. Do risotta ryż o krótkich ziarnach, który po ugotowaniu zrobi się miękki i kleisty.

Glazurowane skrzydełka z rusztu

Uwielbiam wszelkie mięsiwo z ognia: gdy grilluję, aromat rozchodzący się dookoła jest tak nęcący, że trudno się wprost doczekać na gotową potrawę. Najczęściej wrzucam na ruszt kilka gatunków mięs – zaczynam od kurczaka, bo ten piecze się najkrócej. Wcześniej jednak mięso solidnie marynuję, by było wyjątkowo smakowite i szybko się upiekło. Pracę nad kurzymi skrzydełkami rozpoczynam więc od sporządzenia miodowej marynaty – dzięki niej mięso po upieczeniu jest miękkie i dobrze przyprawione, a dodatkowo pokrywa się chrupiącą skorupką.

1 kg skrzydełek z kurczaka

marynata:
8 łyżek sosu sojowego
8 łyżek oliwy
sok z ½ cytryny
4-5 łyżek miodu
½ łyżeczki soli
kilka małych cebulek

sałatka:
1 kapusta pekińska
½ łyżeczki chili
1 ząbek czosnku
½ łyżeczki soli
2-3 łyżki oliwy

W soku wyciśniętym z cytryny rozpuścić miód (do glazurowania najlepsze są miody jasne, np. z akacji, lipy lub wielokwiatowy). Następnie dodać sos sojowy, sól i oliwę. Energicznie wymieszać, by uzyskać jednolitą konsystencję. Do marynaty włożyć skrzydełka, dodać kilka małych cebulek obranych z łupin, przełożyć do zamykanego pojemnika i zostawić na kilka godzin w lodówce – najlepiej przygotować wszystko dzień wcześniej, a w chłodziarce od czasu do czasu przemieszać.
Ruszt wysmarować olejem – by mięso nie przywarło. Ułożyć skrzydełka i cebulki. Gdy się lekko podpieką, posmarować marynatą. Upieczone skrzydełka i cebulki podać z drobno posiekaną kapustą pekińską wymieszaną z solą, chili, oliwą i przeciśniętym przez praskę czosnkiem.

Ewa podpowiada:
Po zimie dokładnie myję ruszt i „przepalam" go nad żarzącymi się węglami. Następnie smaruję olejem, by mięso się do niego nie kleiło. A ponieważ skrzydełek nie sposób spożywać inaczej, niż rękoma, koniecznie trzeba pamiętać o jednorazowych serwetkach, bo bez nich nici z udanego grilla!

Kurze paluszki w orzechach

Wszystkim, którzy zakuwają przed „egzaminem dojrzałości" (lub jakimkolwiek innym sprawdzianem) proponuję potrawę mocno energetyczną: paluszki z kurzej piersi w orzechach. Zawarte w mięsie białko wzmocni nadwątlony nauką organizm, orzechy rozjaśnią umysł! Legenda mówi, że orzechy włoskie rosły w ogrodach króla Salomona. Być może właśnie im monarcha zawdzięczał swą mądrość? Jakby nie było – taka energetyczna i rozjaśniająca umysł przekąska na pewno zasmakuje każdemu maturzyście!

3 podwójne piersi z kurczaka (ok. 60 dag)
2 białka
2 łyżki bułki tartej
10-15 dag orzechów włoskich
sól
pieprz
olej do smażenia

Mięso pokroić na paluszki. Przyprawić solą i pieprzem. Białka ze szczyptą soli ubić na sztywną pianę, wymieszać z bułką tartą. Orzechy drobno posiekać. Kawałki kurczaka panierować w pianie z bułką tartą i orzechach. Usmażyć w głębokim oleju (np. arachidowym). Odsączyć z nadmiaru tłuszczu na papierowym ręczniku. Podawać z dipem.

Dip

5 łyżek sosu sojowego
sok z 1 limonki (lub ½ cytryny)
¼ szklanki soku jabłkowego
1 papryczka chili lub kilka kropel sosu tabasco, ew. ½ łyżeczki ostrej papryki
1 łyżeczka cukru
3-4 łyżki masła orzechowego
garść posiekanych orzeszków ziemnych lub orzechów nerkowca
pęczek kolendry

Sos sojowy połączyć z sokiem z limonki i sokiem jabłkowym, posłodzić. Dodać chili (papryczkę pozbawić nasion i drobno posiekać). Wymieszać z masłem orzechowym – by łatwiej połączyło się z płynem, można włożyć je na 20 sekund do kuchenki mikrofalowej lub podgrzać w gorącej kąpieli wodnej. Dorzucić posiekane orzeszki i kolendrę.

Ewa podpowiada:
Podczas pobytu w Tajlandii zasmakowałam w zimnym sosie podawanym tradycyjnie do kurczaka „sati". W domu odtworzyłam ten pyszny dip i szybko odkryłam, że jest doskonały nie tylko z drobiem, ale też jako dodatek do sałaty czy warzyw pokrojonych w słupki (świeża marchewka, ogórek, papryka).

Nerkowiec

Orzechy nerkowca są bardzo popularne w kuchni Sri Lanki. Trudno się dziwić – nie tylko są pyszne, ale i łatwo dostępne. Rosną na plantacjach – takich, jak chociażby odwiedzona przeze mnie uprawa w Nittabuwa. Jakby tego było mało, orzeszki bez problemu można sprowadzić z pobliskich Indii, które dostarczają obecnie grubo ponad 90% ich światowej produkcji. Sama roślina pochodzi z Ameryki Łacińskiej – światową migrację zawdzięcza portugalskim żeglarzom.

Otoczone grubą łupiną orzechy w kształcie nerki rosną na końcach owoców zwanych „jabłkami". Gdy dojrzeją, spadają z drzew na płócienne płachty, skąd są zbierane. I to z dużą ostrożnością, bowiem zawarta w nich żywica podrażnia skórę. Następnie orzeszki pozbawia się łupinek, moczy, pozbawia łusek i suszy przez kilka godzin w specjalnych komorach – w temperaturze 90 st. C. Dopiero po takiej obróbce orzechy nerkowca są pakowane i trafiają na nasze stoły.
Z powodzeniem można dodawać je do deserów oraz potraw z Dalekiego Wschodu. Znawcy twierdzą jednak, że najlepiej smakują solo – jako przekąska.

Wątróbka drobiowa z jabłkiem

Drobiowa wątróbka świetnie sprawdza się podczas stosowania diety zgodnej z grupą krwi. Warto jednak pamiętać, że zalecana jest posiadaczom grupy 0, obojętna dla grup B i AB, natomiast niewskazana, czego nie mogę przeżałować..., dla ludzi z grupą A.

½ kg wątróbki kurzej
½ cebuli
1 jabłko
1 łyżka suszonego majeranku
1 łyżka masła
sól
pieprz

Na dużej patelni rozgrzać masło i wrzucić oczyszczoną wątróbkę. Obsmażyć na ostrym ogniu ze wszystkich stron, zmniejszyć płomień, dodać półplasterki cebuli, krótko podsmażyć, dorzucić jabłko pokrojone w ósemki. Doprawić roztartym w dłoniach majerankiem, solą i pieprzem. Dusić jeszcze przez chwilę – aż wątróbka będzie usmażona, a jabłko miękkie.

Indyk w migdałach

Czy indyk z patelni może być dietetyczny? Ależ oczywiście! Mięso wystarczy usmażyć w panierce z jajka i płatków migdałowych. Bez mąki, bo wedle dietetyka Michela Montignaca należy unikać złych węglowodanów.

1 pierś indycza (600 g)
1 jajko
100 g płatków migdałowych
sól
pieprz
olej i masło do smażenia

Solidny kawał indyczej piersi pokroić w poprzek włókien na centymetrowe plastry. Mięso rozbić tłuczkiem (podobnie jak na schabowe) i pokroić na mniejsze porcje. Indycze plastry przyprawić solą i pieprzem, panierować w roztrzepanym jajku i płatkach migdałowych.
Na patelni rozgrzać olej (najlepszy będzie arachidowy). Dodać odrobinę masła. Wrzucić kawałki mięsa i szybko usmażyć z obu stron.

Podawać z sałatą i połówkami pomidorków koktajlowych (warzywa posolić, skropić oliwą i sokiem z cytryny).

Pierś indycza w ziołach prowansalskich

Ziołowe mięso indycze niezmiennie przywodzi mi na myśl słoneczne południe Francji – właśnie z powodu prowansalskich ziół. Tak przyrządzony indyk jest doskonały zarówno na ciepło, np. z buraczkami, jak i na zimno – z czosnkiem i sosem sojowym.

1½ kg piersi indyczej
garść ziół prowansalskich
3-4 ząbki czosnku
2 łyżki oleju arachidowego
1 szklanka białego wina lub bulionu drobiowego
1 szklanka słodkiej śmietany
1 łyżka soli
½ łyżeczki pieprzu

Zrobić tzw. suchą marynatę: na patelni bez tłuszczu podgrzać sól i zioła. Aby wydobyć cały aromat przypraw (w skład ziół prowansalskich wchodzą bazylia, majeranek, rozmaryn, szałwia, cząber, oregano, tymianek i mięta) trzymać na ogniu kilkadziesiąt sekund – cały czas mieszając. Odstawić do wystudzenia, po czym dodać czosnek przeciśnięty przez praskę i świeżo zmielony pieprz. Marynatą natrzeć mięso, szczelnie zawinąć w folię (lub włożyć do zamykanego pojemnika) i wstawić do lodówki na kilka godzin.
Gdy indyk nabierze prowansalskiego aromatu obsmażyć pierś w oleju – z obu stron na złoty kolor.
Przełożyć do gęsiarki, podlać winem (lub bulionem) i piec ok. 1½ godziny w 200 st. C. Do piekarnika zaglądać mniej więcej co 15 minut i zwilżać pieczeń sosem spod mięsa.
Gotową pierś wyjąć z naczynia. Sos zaprawić śmietaną, następnie odparować – by uzyskać kremową konsystencję (kto chce może zagęścić zasmażką). Pieczeń pokroić na plastry, polać sosem. Podawać z sałatką z czerwonych buraków.

Buraczki w talarki

½ kg czerwonych buraków
2 łyżki octu jabłkowego
2 łyżki wody
2 łyżki rodzynków
2 łyżki oliwy
1 łyżka soku z cytryny
pęczek rukoli
sól
pieprz

ew.
1 cebula
1 szklanka słodkiej śmietany 36%

Buraki ugotować, pokroić na cienkie plastry. Wodę zagotować z octem, dodać rodzynki i odstawić, by spęczniały. Dolać oliwę i sok z cytryny. Buraki oprószyć solą i pieprzem, polać rodzynkowym winegretem.
Do buraczków można też dodać posiekaną i podsmażoną cebulę oraz słodką śmietanę 36%. Całość zagotować (5-10 minut) i podawać na ciepło.

Dla mięsożerców

***Badania** dowiodły ponad wszelką wątpliwość, że można schudnąć i być zdrowym jedząc dużo białka i tłuszczu! Stosując dietę wysokobiałkową i wysokotłuszczową, trzeba jednak ograniczyć ilość węglowodanów.*

Wszystko, co robię przed kamerą, znika błyskawicznie. Ekipa zgodnie twierdzi, że gotuję smacznie, lecz mało...

Cielęcina w kurkach

Do młodziutkiej wołowiny w kurkach proponuję brokuły z czosnkiem i madziarskie gałuszki. Na Węgrzech najczęściej jada się takie kluseczki jako dodatek do tamtejszych paprykarzy. Składniki łatwo zapamiętać: mąka, jajko, woda i odrobina soli. Ale o ile sam przepis jest bardzo prosty, to przyrządzenie gałuszek już nie, bowiem ciasto na wrzątek trzeba wrzucać łyżką, a każda kluseczka powinna mieć mniej więcej pół centymetra średnicy i jakieś 3 centymetry długości...

½ kg cielęciny
25 dag kurek
1 łyżka mąki
1-2 szalotki
100 ml białego wina
250 ml śmietany 30%
masło do smażenia
sól
pieprz

Cielęcinę pokroić w kostkę (jak na gulasz). Do plastikowego worka wsypać mąkę, wrzucić mięso i energicznie potrząsać – tak, by cielęcina się „omączyła". Przełożyć na patelnię z masłem (najlepsza będzie tzw. patelnia cygańska lub garnek z grubym dnem – smakowitość tej potrawie nada bowiem „smażenina", która powstaje jedynie w naczyniu bez teflonu). Gdy się zrumieni, przełożyć do garnka. Kurki (świeże lub mrożone) przesmażyć na patelni z drobno posiekaną szalotką. Dodać do mięsa. Na patelnię wlać odrobinę wina, wypłukać cały smak, przelać do garnka z kurkami i cielęciną. Przyprawić solą i pieprzem. Wymieszać, zalać winem, odparować. Dodać szklankę śmietany, lekko zredukować.

Gałuszki

30 dag mąki
1 jajko
woda mineralna gazowana
sól

Do przesianej mąki dodać jajko, posolić. Wlać wodę (ile zabierze), wyrobić. Łyżką formować kluseczki i wrzucać na wrzątek.

Ewa podpowiada:
Można ułatwić sobie pracę używając specjalnego urządzenia do gałuszek. Nazywa się „haluszkar", wygląda jak cedzak z dość dużymi otworami. Na Słowacji i na Węgrzech dostaniemy go w każdym sklepie gospodarczym.

Brokuły z czosnkiem

1 brokuł
3 ząbki czosnku
2 łyżki oliwy
szczypta cukru
sól

Brokułowe różyczki wrzucić do osolonego wrzątku, przyprawić szczyptą cukru (to dla zachowania koloru) i gotować 3-4 minuty. Odcedzić. Czosnek przekroić wzdłuż, wyciągnąć ze środka zalążek (bardzo szybko się pali i nadaje potrawie niepotrzebnej goryczy). Wrzucić na patelnię z oliwą, lekko podsmażyć i dodać brokuły.

Gulasz z nutką Orientu

Gdy przychodzą chłodniejsze dni, zawsze mam ochotę na kaszę gryczaną. Poza dobrodziejstwem wielu składników mineralnych i dużej zawartości witamin z grupy B, ma też – jak wiadomo – własności rozgrzewające. Najlepiej smakuje mi z gulaszem. Choć przyrządzam różne jego wersje, na niepogodę proponuję wariację orientalną z proszkiem curry, który nadaje ostrości i egzotycznego smaku.

½ kg wołowiny
1 kieliszek białego wina lub wody
½ szklanki pasty pomidorowej
½ szklanki słodkiej śmietany
3 ząbki czosnku
1 cebula
1 łyżeczka proszku curry
½ łyżki mąki
1 liść laurowy
2-3 łyżki oleju arachidowego
sól
pieprz

Mięso pokroić w średniej wielkości kostkę. Oprószyć mąką i wrzucić do oleju rozgrzanego na patelni (bez teflonu). Obsmażyć ze wszystkich stron i przełożyć do rondla.
Na patelnię wlać wino (może być woda), wymieszać i zeskrobać cały smak. Aromatyczny płyn przelać do podsmażonego mięsa. Dodać liść laurowy, przykryć i dusić na wolnym ogniu.
Na teflonową patelnię wlać łyżkę oleju, wrzucić posiekany czosnek i po chwili dodać pokrojoną w kostkę cebulę. Gdy się zeszkli, wsypać proszek curry – by oddał cały aromat, rozprowadzić go po gorącej patelni i zalać odrobiną wody. Wymieszać, po czym przelać do rondla z mięsem, doprawić solą i pieprzem. Dusić na małym gazie, w razie potrzeby podlać wodą. Po mniej więcej 45 minutach (mięso powinno nieco zmięknąć) dodać pastę pomidorową – pastę, nie przecier – lub pomidory z puszki. Dusić dalej, aż mięso będzie całkiem miękkie. Do śmietany wlać łyżeczkę gorącego sosu i tak zahartowaną dodać do garnka. Całość zagotować.

Kasza gryczana

1 szklanka kaszy gryczanej
1 łyżka masła
woda do gotowania
sól

W garnku stopić łyżkę masła, wsypać szklankę kaszy gryczanej i przesmażyć. Zalać wodą – tak, by płynu było „na palec" nad kaszą. Posolić i wolniutko gotować do miękkości (20-25 minut), od czasu do czasu mieszając, by kasza się nie przypaliła.

Curry

W ciągu ostatnich kilku lat ta najbardziej znana indyjska przyprawa zrobiła międzynarodową karierę – curry dodawane jest obecnie do wielu potraw na całym świecie! Składniki tego żółtego proszku są różne, a zależą od jego pochodzenia. Jedno jest pewne – w curry nie może zabraknąć liści murraja Koeniga, zwanych po prostu liśćmi curry, oraz dającej piękną, żółtą barwę kurkumy.

Najczęściej w skład mieszanki wchodzą też owoce kolendry, kminu rzymskiego, czarny pieprz, nasiona kozieradki, goździki, imbir, papryka chili, cynamon i nasiona gorczycy (przed połączeniem wszystkie przyprawy są suszone i mielone).

Świeże liście curry mają bardzo silny aromat, o czym wraz z ekipą programu „Ewa gotuje" przekonałam się podczas zdjęć na Sri Lance. Używane są w kuchniach azjatyckich do potraw gotowanych i duszonych (przed podaniem liście trzeba usunąć).

Curry występuje również jako pasta. Najpopularniejsza ma kolor czerwony, dostępne są też zielona i żółta. Ich skład jest podobny – czerwoną robi się z dojrzałej papryczki chili, cebuli, czosnku, galangalu, trawy cytrynowej, kolendry i pieprzu oraz liści kaffir lime. W paście zielonej prym wiedzie niedojrzała, zielona papryczka. Żółta swą barwę zawdzięcza kurkumie.

Na Dalekim Wschodzie curry to także nazwa potraw, do których dodano tę przyprawę. Pod tym mianem znanych jest wiele dań wegetariańskich, mięsnych i rybnych.

Kurkuma

Kurkuma bywa zwana szafranem indyjskim. Z dwóch powodów: po pierwsze – podobnie jak szafran barwi jedzenie na żółty kolor (czego najlepszym dowodem musztarda i curry), po drugie – w odróżnieniu od niego właśnie z Indii pochodzi (uprawiana jest tam od ponad 2000 lat).
Przyprawę otrzymuje się z podziemnych kłączy. Można kupić ją świeżą, suszoną lub w postaci proszku.

W Indiach, Chinach i na Sri Lance kurkuma służy też do barwienia tkanin. Lankijczycy używają tejże przyprawy w technice malarskiej zwanej batikiem – najpierw pokrywają kawałek płótna, lub drewna, woskiem, później zanurzają go w roztworze z kurkumy (w ten sposób farbują m.in. ubrania i maski).

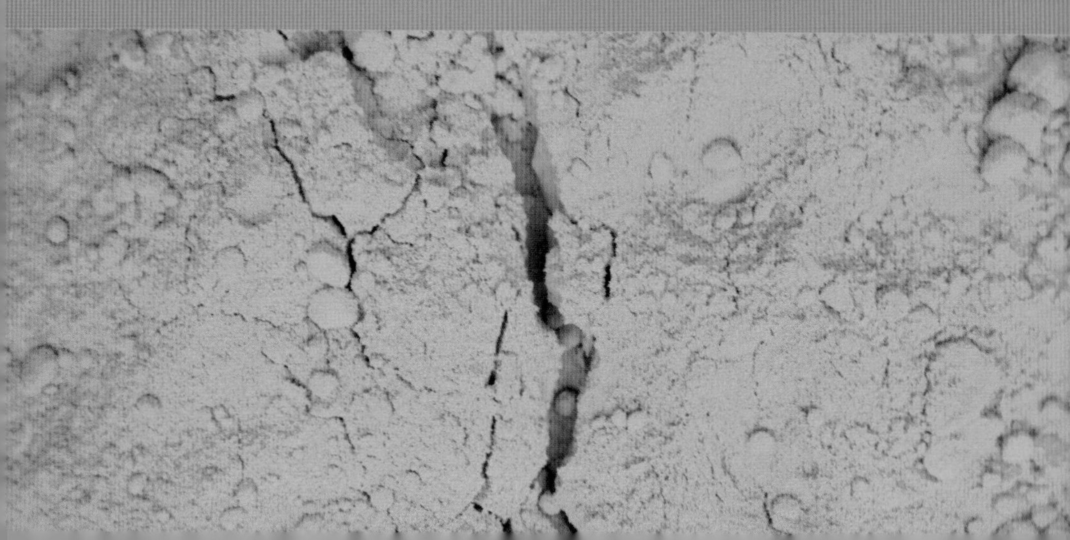

Kardamon

Kiedy na Sri Lance roztarłam w dłoniach aromatyczne ziarenka kardamonu, w lepkim od tropikalnego deszczu powietrzu uniósł się orzeźwiający cytrynowy aromat! Od razu zrozumiałam, dlaczego właśnie kardamon jest jedną z droższych przypraw świata – cenowo plasuje się zaraz za szafranem i wanilią.

Rośnie w strąkach, sprzedawany jest w całości lub po sproszkowaniu. W kuchniach Dalekiego Wschodu dodaje się go przede wszystkim do wszechobecnego w krajach Orientu ryżu. Jest też składnikiem bodaj najpopularniejszej mieszanki przyprawowej – curry.

W Europie trafia do ciast, mięs i wędlin. Z kolei na Bliskim Wschodzie uszlachetnia smak wypieków, a Arabowie aromatyzują nim kawę. Na Czarnym Lądzie bywa dodatkiem do herbaty.

Aby z kardamonu wydobyć całe zaklęte w nim „dobro", ziarna warto podprażyć na patelni.

Zrazy wołowe w pomidorach

Mięsne roladki kojarzą mi się z różnego rodzaju uroczystościami rodzinnymi. Naprawdę wspaniałe jadłam na weselu w Wyżycach (niedaleko Bochni). Na to przyjęcie zabrała mnie, niestety nieżyjąca już, pierwsza niania mojej córki – Józefa Lenda. A trzeba wiedzieć, że ukochana piastunka lubiła dobrą kuchnię! Dlatego też gdy ostatnio zrobiłam sporą porcję zrazów (część zamroziłam) wspomniałyśmy z córą i super wesele, i naszą super nianię.

ok. 1 kg wołowiny
10-15 dag boczku
2-3 cebule
2-3 kiszone ogórki
musztarda
125 ml kwaśnej śmietany
1 szklanka bulionu wołowego
3 pomidory (mogą być konserwowe)
2-3 łyżki oliwy do smażenia
sól
pieprz

Mięso pokroić na plastry, przykryć folią spożywczą, lekko rozbić tłuczkiem. Oprószyć solą i pieprzem. Każdy kawałek posmarować z jednej strony musztardą. Na musztardę położyć plasterek boczku, następnie kilka krążków cebuli (wcześniej trzeba je posolić, by zmiękły) i ćwiartkę ogórka. Zwinąć. Spiąć szpilką do zrazów. Obsmażyć ze wszystkich stron – na patelni w oliwie. Przełożyć do rondla. Na patelnię wlać bulion, wymyć smak, przelać do zrazów. Pozostałą cebulę pokroić w kostkę i dodać do garnka. Dorzucić pomidory (mogą być konserwowe; jeśli są świeże – obrać ze skórki). Gdy zrazy zmiękną, przełożyć je na półmisek. Sos zaprawić śmietaną i polać nim mięso lub podać w sosjerce.

Serwować z pieczonymi ziemniakami i mizerią (ew. z młodą kapustą).

Ewa podpowiada:
Zrazy są idealne na chrzciny, komunie czy imieniny... Można je przygotować dzień wcześniej, a przed podaniem jedynie odgrzać. Zamiast spędzać czas w kuchni, cieszymy się wizytą bliskich!

Ziemniaki pieczone w mundurkach

1 kg młodych ziemniaków
oliwa
suszony rozmaryn
sól
pieprz

Młode ziemniaki umyć, przekroić na pół. Ułożyć na blasze. Skropić oliwą. Oprószyć gruboziarnistą solą, przyprawić pieprzem i rozmarynem. Piec 30 minut w temp. 200 st. C (termoobieg).

Mizeria

7-8 ogórków gruntowych
125 ml kwaśnej śmietany
pęczek koperku
sól

Ogórki obrać, pokroić na plastry, posolić i odstawić. Gdy puszczą sok, lekko odcisnąć z nadmiaru wody. Dodać śmietanę i koperek. Wymieszać.

Hamburgery na zdrowie

Dr Robert Atkins, kardiolog z Nowego Jorku, twierdzi, że można schudnąć i być zdrowym jedząc dużo białka i tłuszczu! Idąc za jego radami przygotowałam dietetyczne… wołowe hamburgery. Świetnie pieką się na grillu ogrodowym, ale udadzą się też w piekarniku z grillem lub na specjalnej, żebrowanej patelni grillowej. Kto chce, może podać takie mięso w bułce. Ja jednak tego nie robię, bo w diecie Atkinsa pieczywa powinno być jak najmniej! Wszak to dieta wysokobiałkowa i wysokotłuszczowa, ale jednocześnie z niską zawartością węglowodanów.

900 g mielonego mięsa wołowego lub z indyka
1 łyżka szczypiorku
1 łyżka świeżego estragonu lub 1 łyżeczka suszonego
1 łyżka posiekanej natki pietruszki
2 łyżeczki soli
pieprz
½ cebuli
1 ząbek czosnku (do wołowiny)
1 mały pomidor
1 jajko
ok. 150 g oscypka lub żółtego sera
1 łyżka oliwy do smażenia

Mięso zemleć, włożyć do miski. Dodać drobno posiekane szczypiorek, estragon i natkę pietruszki oraz pokrojonego w kostkę pomidora. Cebulę posiekać, zeszklić w oliwie. Dodać do mięsa wraz z tłuszczem. Jajko wybić i roztrzepać, dodać do mięsa, przyprawić solą i pieprzem, dokładnie wyrobić ręką. Podzielić na dwie równe części. Z połowy zrobić ok. 10 kulek, spłaszczyć (ręce moczyć w wodzie, by mięso nie kleiło się do dłoni). Na środek każdego krążka dać oscypek (lub żółty ser) starty na tarce o grubych oczkach. Z reszty mięsa zrobić tyle samo kulek, spłaszczyć i skleić z krążkami z serem. Hamburgery piec na grillu (może być elektryczny) lub w piekarniku z grillem. Można też usmażyć na oliwie – 5 minut z każdej strony.

Ryby

Z Rafałem (operator) i Krzyśkiem (dźwiękowiec) pracuję najdłużej. Przez ponad 10 lat mojej telewizyjnej przygody razem jedliśmy chleb z niejednego pieca...

***Ostatnio** nad Wisłą w Krakowie widuję mnóstwo wędkarzy. Rzeka wydaje się coraz czystsza, więc może ryby z niej nadają się już do jedzenia? Jeszcze nie próbowałam... I pewnie nieprędko spróbuję, gdyż mam to szczęście, że zaprzyjaźniony miłośnik „moczenia patyka w wodzie" od czasu do czasu dostarcza mi pysznego pstrąga z czystych akwenów.*

Panga w niebieskim sosie

Kilkanaście lat temu byłam w Paryżu u moich przyjaciół. Pyszny obiad zakończył się „deserem“ iście francuskim: na specjalnym stoliku gospodarze podali sery w znakomitym wyborze. Wśród nich brylował pięknie poprzerastany niebiesko-zieloną pleśnią prawdziwy roquefort. Był rok 1993 i u nas takich rarytasów na co dzień nikt nie uświadczył, więc skwapliwie skorzystałam z okazji i... zakochałam się w tym serze od pierwszego zjedzenia! Na szczęście w Polsce czasy się zmieniły i o francuski oryginał dużo łatwiej, a ser typu roquefort kupimy niemal w każdym sklepie. Ryba w połączeniu z roquefortem ma niepowtarzalny smak – właśnie takim daniem można przekonać wszystkich niechętnych francuskim „wynalazkom” do jedzenia pleśniowych serów.

4 filety rybne (np. z pangi)
1 szalotka lub ½ cebuli
100 g sera roquefort lub innego z niebieską pleśnią
½ szklanki białego wina
1 szklanka śmietany
1 łyżka masła
pieprz

Na maśle podsmażyć cebulę. Gdy lekko się zezłoci, dodać pokruszony ser. Mieszać, aż się rozpuści (a rozpuści się na pewno, bowiem zawiera 52%. tłuszczu), po czym wlać białe półwytrawne wino. Odparować do połowy objętości i dodać śmietanę, uprzednio hartując ją odrobiną gorącego płynu z patelni. Doprawić jedynie pieprzem – ser jest na tyle słony, że potrawy dosalać już nie trzeba. Gdy całość się zagotuje, włożyć rybne filety i dusić do miękkości (10-15 minut, co zależy od wielkości ryby). Podczas gotowania sos zredukuje się na tyle, że nie trzeba go dodatkowo zagęszczać.
Filety można też usmażyć, a serowy sos zrobić osobno. Trzeba jednak odparować go do kremowej konsystencji i polać nim rybę dopiero na talerzu. Mnie osobiście najbardziej smakuje duszona z dodatkiem wina, podana z delikatnym puree ziemniaczanym i lodową sałatą skropioną sokiem z cytryny. Z uwagi na moją córkę – Oleńkę – robię sos bezalkoholowy.

Ewa podpowiada:
Ser roquefort jest tak intensywny w smaku, że trzeba go bardzo niewiele, by nadał potrawie charakterystyczny smak. Dla mnie jest doskonałym dodatkiem do sałatek, zapiekanek i oczywiście sosów.

Puree ziemniaczane

½ kg ziemniaków
1 łyżka śmietany
½ łyżki masła
gałka muszkatołowa do smaku

Ziemniaki ugotować w osolonym wrzątku, przecisnąć przez praskę. Wymieszać z masłem i śmietaną, przyprawić świeżo startą gałką muszkatołową. Wyłożyć na talerz używając gałkownicy do lodów.

Sałatka do ryby

1 sałata lodowa
1 papryka czerwona
1 papryka zielona
2 czerwone cebule do dekoracji
sól
pieprz

dressing:
1 łyżka dżemu malinowego
3-4 łyżki octu balsamicznego
3-4 łyżki oliwy

Z sałaty usunąć głąb (wybić silnym uderzeniem o deskę). Liście podrzeć. Paprykę wyczyścić, pokroić, dodać do sałaty. Na wierzchu ułożyć plastry czerwonej cebuli. Z dżemu, octu balsamicznego i oliwy zrobić sos. Dolać do sałaty. Przyprawić solą i pieprzem. Wymieszać.

Gałka muszkatołowa

Owoc muszkatołowca korzennego to moje największe przyprawowe odkrycie. Na zewnątrz jest niepozorny, co najwyżej przypomina dużą, żółtą śliwkę. Natomiast w środku znajduje się... istne cudo – nasionko w brązowej łupince, oplecione organiczną „koronką" na miarę arcydzieł z Koniakowa!
Twarde jądro to gałka muszkatołowa, delikatna osnowa zwana jest kwiatem muszkatołowym (po wysuszeniu robi się brązowa). Jedno i drugie jest przyprawą, ale w kuchni znacznie częściej używana jest gałka. Do Europy trafiła w wiekach średnich i bardzo szybko stała się tak cenna, że skrywano ją w specjalnych pojemnikach ze srebra. Puzderka wyposażone były w specjalną mini tarkę, więc w każdej chwili można było po nią sięgnąć i zetrzeć do potrawy.

Dzisiaj o ekskluzywne opakowanie dużo trudniej niż o samą gałkę – tę bez problemu dostaniemy w niemal każdym warzywniaku (w całości lub po sproszkowaniu). Zachęcam do kupowania całego nasionka i ścierania go własnoręcznie – nie żebym kulinarnie chciała cofnąć się do średniowiecza... Po prostu świeżo otarta gałka jest znacznie lepsza!

Pstrąg na sposób morski

Ostatnio nad Wisłą w Krakowie widuję mnóstwo wędkarzy. Rzeka wydaje się coraz czystsza, więc może ryby z niej nadają się już do jedzenia? Jeszcze nie próbowałam... I pewnie nieprędko spróbuję, gdyż mam to szczęście, że zaprzyjaźniony miłośnik „moczenia patyka w wodzie" od czasu do czasu dostarcza mi pysznego pstrąga z czystych akwenów. Poniższy przepis podpatrzyłam podczas zagranicznych podróży – potrawę przygotowaną w podobny sposób jadłam w RPA i Tajlandii, gdzie o doskonałą rybę morską nietrudno (red snaper kładzie mnie na kolana za każdym razem, gdy go jem). Również nasz rodzimy pstrąg na „sposób morski" smakuje wyśmienicie.
W moim programie „Ewa gotuje" przyrządzenie ryby na sposób morski zaczęłam od wizyty w... kopalni soli w Wieliczce, bowiem wedle tego przepisu ryba pieczona jest w sporej ilości pozyskiwanego tam „białego złota". Specjalnie dla telewidzów sama zeszłam do znajdującego się 125 metrów pod ziemią korytarza – tam dostałam sól wprost od pracujących na przodku górników.

1 ryba w całości (np. pstrąg)
2 białka
soli ile zabierze
1 gałązka rozmarynu lub natka pietruszki
2 ząbki czosnku
sól
pieprz

sos:
½ szklanki sosu sojowego
1 mała ostra papryczka
1 cm świeżego kłącza imbiru
1 młoda mała cebulka lub szalotka
sok z ½ cytryny

Zacząć od przygotowania solnej „kołderki". Białka oddzielić od żółtek i lekko ubić w misce. Dodać tyle soli, by zrobiła się dość gęsta masa. Z ryby usunąć wnętrzności – bardzo ostrożnie, aby żółć się nie rozlała. Jeśli to nieszczęście jednak się przydarzy, trzeba bardzo dokładnie umyć tuszkę, bo inaczej będzie gorzka. Do rybiego brzuszka włożyć gałązkę rozmarynu lub natkę pietruszki (w sezonie koperek) i przekrojone na pół ząbki czosnku. Przyprawić solą i pieprzem. Na folii aluminiowej rozsmarować część solnej masy, ułożyć na niej rybę i dokładnie pokryć resztą białkowej „solanki". Całość szczelnie zawinąć i piec na grillu 30-40 minut lub w piekarniku nagrzanym do 180 st. C. Rybę można obłożyć samą solą, skropić wodą i zawinąć w folię, ale białkowo-solna „kołderka" szczelniej ją okryje i po upieczeniu pstrąg będzie bardziej soczysty.

Mimo sporej ilości soli ryba słona nie jest, więc robię do niej pikantny słony sos. Do małego rondelka wlać sos sojowy, wrzucić drobniutko pokrojone imbir i papryczkę – jeśli nie mamy świeżej, można użyć suszonej (uprzednio trzeba ją pokruszyć). Na wolnym ogniu odparować o połowę. Zdjąć z gazu i dodać drobno pokrojoną młodą cebulkę i sok z połowy cytryny.
Upieczoną rybę obrać z soli i skóry, polać pikantnym sosem. Doskonale smakuje też z odrobiną soku z cytryny – jest tylko jeden warunek: ryba musi być naprawdę świeża.

A co z żółtkami? W mojej kuchni nic się nie marnuje. Dodaję do nich 2 łyżeczki cukru i ucieram na puszystą masę. Moja córka uwielbia kogel-mogel, więc przy okazji ryby „na sposób morski" zajada się najłatwiej przyswajalnymi witaminami i mikroelementami – pochodzącymi właśnie z żółtka.

Łosoś w jarzynach

W warzywach świetnie udają się zarówno ryby morskie, jak i słodkowodne. Kiedyś przyrządziłam... szczupaka i był doskonały! Najczęściej jednak z duszonymi jarzynami robię pangę. Natomiast w moim programie „Ewa gotuje" na patelni znalazł się łosoś – ryba jednocześnie morska i słodkowodna (żyje w morzach i oceanach, rozmnaża się w rzekach). Przepis pochodzi od mojej przyjaciółki Małgosi z Warszawy. Stworzyła go w okresie, gdy ostro się odchudzała. To doskonały przykład na danie bardzo zdrowe, a przy tym smaczne i aromatyczne. Wprawdzie znam wiele receptur na rybę, ale tylko ta zaleca dodanie kapusty. Kiedy po raz pierwszy jadłam tę strawę, to właśnie smak włoskiej kapusty był dla mnie największym zaskoczeniem. Zresztą spróbujcie sami – łosoś z kapustą jest naprawdę wyśmienity!

4 dzwonka z łososia
2 marchewki
1 pietruszka
1 cebula
½ selera
½ pora
¼ główki kapusty włoskiej
4 ziarna ziela angielskiego
6 ziaren pieprzu
sól
pieprz
1 łyżka masła

Jarzyny posiekać w makaronik (czyli drobne słupki czy też paseczki, zwane przez zawodowych kucharzy „julien"). Na głębokiej patelni (dobry jest też rondel z szerokim dnem) roztopić masło i wrzucić twardsze jarzyny: marchewkę, pietruszkę i pół selera (w sezonie dać jeszcze 1 małą kalarepę). Przesmażyć. Dodać półplasterki cebuli i pora. Lekko przesmażyć i dorzucić pokrojoną kapustę. Podlać odrobiną wody (wystarczą 2-3 łyżki), dodać ziarna ziela angielskiego i pieprzu, po czym dusić 10-15 minut. Gdy jarzyny zmiękną, zrobić wśród nich miejsce na rybę – dzwonka przyprawić solą i pieprzem, ułożyć na patelni, otulić warzywami i dusić pod przykryciem kolejne 10-15 minut, aż ryba będzie miękka. Całość można posolić do smaku.

Ewa podpowiada:
Zachęcam do przyrządzenia tej potrawy bez soli. Smak i słodycz z jarzyn są tak intensywne, że można pokusić się o naprawdę dietetyczną, bezsolną wersję tego dania!

Ryba w jogurcie

Filety rybne w marynacie z jogurtu można przyrządzić na świeżym powietrzu – na grillu. Doskonale smakują też przygotowane w domowej kuchni, z sałatką z cukinii i pomidorków koktajlowych.

6 filetów rybnych (ok. 1 kg, panga lub tilapia)
sól
pieprz

marynata:
½ kg jogurtu naturalnego
skórka otarta z 2 cytryn (lub z 1 limonki i 1 cytryny)
sok z ½ cytryny
garść świeżej mięty lub bazylii
2 ząbki czosnku
1 papryczka chili lub duża szczypta ostrej papryki w proszku

Filety z obu stron posolić i przyprawić świeżo zmielonym pieprzem. Odstawić.
Przygotować marynatę. Do jogurtu zetrzeć skórkę z cytryny, dolać sok cytrynowy, dodać miętę, czosnek przeciśnięty przez praskę i drobno pokrojoną papryczkę chili (może być suszona i pokruszona). Wymieszać. Marynatą zalać filety rybne i włożyć do lodówki na minimum pół godziny.
Każdy filet szczelnie zapakować w folię aluminiową z 2 łyżkami marynaty jogurtowej. Piec 20-30 minut na grillu lub w piekarniku (180 st. C).

Sałatka z cukinii i pomidorków koktajlowych

1 duża cukinia (ew. 2 mniejsze)
25 dag pomidorków koktajlowych
bazylia świeża i suszona
1 garść prażonych pestek dyni

sos winegret:
1 łyżka soku z cytryny
2 łyżki octu balsamicznego
2-3 łyżki oliwy z pierwszego tłoczenia
1 łyżeczka miodu
szczypta soli

Cukinię pokroić pod ukosem na plastry o grubości ok. ½ cm, przyprawić solą i pieprzem, oprószyć suszoną bazylią. Upiec na grillu lub patelni grillowej. Wymieszać z przekrojonymi na pół pomidorkami koktajlowymi. Dodać uprażone na suchej patelni pestki dyni.
Przygotować sos winegret. Sok z cytryny połączyć z octem balsamicznym, dodać sól, wymieszać. Dodać łyżkę miodu, ponownie wymieszać. Cały czas mieszając dolać oliwę.
Sałatkę polać winegretem. Tuż przed podaniem przyprawić listkami świeżej bazylii.

Tilapia na „pierzynce" z porów

Tilapia to naprawdę smaczna słodkowodna ryba (choć żyje też w wodach słonawych). Warto pokusić się o wprowadzenie potraw „z jej udziałem" do codziennego menu także dlatego, że jest niezwykle zdrowa i dietetyczna. Zadość czyni bowiem zasadzie niełączenia ze sobą białek i węglowodanów, co jest według mnie najskuteczniejsze w gubieniu kilogramów.

4 filety z tilapii (ok. 600 g)
sok z ½ cytryny
sól
pieprz
2 pory
1 mała cebula
1 ząbek czosnku
kawałek świeżego imbiru (ok. 1 cm)
1 kwaśne jabłko
1 łyżka majeranku
1-2 łyżki oliwy
1 szklanka bulionu warzywnego
sól
pieprz

Filety rozmrozić, zamarynować w soku z cytryny, przyprawić solą i pieprzem. Imbir i czosnek posiekać bardzo drobno i wrzucić na dużą, głęboką patelnię z oliwą (świeży imbir można zastąpić sproszkowanym). Gdy się lekko przesmaży, dodać pokrojoną w kostkę cebulę. Wymieszać, zeszklić. Z porów odciąć zielone liście. Warzywa dokładnie umyć (najlepiej pod bieżącą wodą), by piasek nie chrzęścił w zębach podczas jedzenia. Następnie pokroić ukośnie na półtoracentymetrowe kawałki i wrzucić na patelnię. Mieszając lekko przesmażyć. Majeranek rozetrzeć w dłoniach i dodać do warzyw, wymieszać, po czym podlać bulionem (ew. wodą lub białym wytrawnym winem), doprawić solą i pieprzem. Jabłko obrać ze skórki, pokroić na ósemki, usunąć gniazda nasienne i wrzucić na patelnię. Na takiej „pierzynce" umieścić filety z tilapii, przykryć i dusić, aż ryba będzie gotowa (10-15 minut, co zależy od wielkości filetów). Od czasu do czasu zaglądać pod przykrywkę i – jeśli płyn wyparował – podlewać wodą.

Dla tych, którzy mięsa nie jedzą

Choć w mojej ekipie jest tylko dwóch wegetarian, to o dania jarskie zawsze idzie na noże...

***Rezygnując** ze spożywania mięsa należy pamiętać o wzbogaceniu codziennej diety produktami zawierającymi pełnowartościowe białko. Jego wspaniałym źródłem jest soja, z której wytwarza się nie tylko coraz bardziej popularny w naszej kuchni sos sojowy, ale również mleko i... wędliny!*

Pesto z makaronem

Domowy sos pesto niejednokrotnie ratował mnie podczas wizyty niespodziewanych gości: wystarczyło szybko ugotować makaron, podgrzać pesto (zawsze mam je w lodówce – w szczelnie zamkniętym naczyniu nie zepsuje się nawet przez miesiąc) i w ten sposób już po 10 minutach można było raczyć znajomych smacznym, choć jednodaniowym obiadem.

100 g orzeszków piniowych (lub po 50 g laskowych i włoskich)
4 ząbki czosnku
2 pęczki świeżej bazylii
1 łyżka octu balsamicznego
100 ml oliwy
½ łyżeczki soli
pieprz
ew. natka pietruszki

200-300 g makaronu (spaghetti, wstążki lub kokardki)
1 łyżka masła
oscypek do posypania

Orzeszki piniowe uprażyć na suchej patelni (laskowe i włoskie w piekarniku). Czosnek zmiksować. Dodać orzechy, ponownie zmiksować. Następnie dorzucić świeżą bazylię i – kto chce – natkę pietruszki (dla koloru). Posolić. Zmiksować na jednolitą masę. Dolać ocet balsamiczny, cały czas miksując cienkim strumyczkiem dolać oliwę. Przyprawić świeżo zmielonym pieprzem.

Makaron ugotować al dente z dodatkiem oliwy. Na patelni mocno rozgrzać masło. Gdy będzie miało złoty kolor, dodać makaron i wymieszać – tak, by cały pokrył się rozgrzanym tłuszczem. Dodać łyżkę sosu pesto i równomiernie rozprowadzić po makaronie. Oprószyć tartym oscypkiem.

Ewa podpowiada:
Sos pesto ma w kuchni wiele zastosowań. Doskonale smakuje nie tylko z makaronem, sprawdza się również w sałatkach.

Sałatka z pesto

1 główka sałaty maślanej
1 pęczek rukoli
kilka listków radicchio
1 żółta papryka
sos pesto
1 łyżka soku z cytryny
2 łyżki oliwy
1 łyżeczka miodu

Umyte i osuszone liście sałaty i radicchio podrzeć, wrzucić do miski, dodać rukolę oraz wyczyszczoną i pokrojoną paprykę.
Do sosu pesto (najlepszy będzie z orzechów piniowych) dolać oliwę, łyżkę miodu i sok z cytryny, wymieszać. Dodać do sałatki (najlepiej tuż przed podaniem). Na samym końcu posypać prażonymi orzeszkami pinii lub cedru. Doprawić do smaku solą i pieprzem.

Szaszłyki z tofu

Rezygnując ze spożywania mięsa należy pamiętać o wzbogaceniu codziennej diety produktami zawierającymi pełnowartościowe białko. Jego wspaniałym źródłem jest soja, z której wytwarza się nie tylko coraz bardziej popularny w naszej kuchni sos sojowy, ale również mleko i... wędliny! Z soi powstaje też pochodzący z Dalekiego Wschodu biały ser o nazwie tofu. Z nim właśnie zrobiłam pyszne szaszłyki.

marynata:

1 cytryna
1 ząbek czosnku
4 łyżki oliwy
4 łyżki octu z białego wina
1 łyżka ziół: rozmaryn, natka pietruszki i tymianek

300 g wędzonego tofu
3 szklanki grzybów, np. pieczarek
sól
pieprz

kilka listków sałaty
pomidorki koktajlowe
świeża bazylia
oliwa

Z cytryny zetrzeć skórkę, sok wycisnąć. Dodać czosnek przeciśnięty przez praskę. Doprawić ziołami, solą i pieprzem. Dolać oliwę i ocet, dokładnie wymieszać.

Tofu pokroić na kawałki, nadziać na namoczone w wodzie patyczki do szaszłyków – na przemian z grzybami. Ułożyć w płytkim naczyniu, polać marynatą. Przykryć i wstawić do lodówki na 1-2 godziny, obracać od czasu do czasu (aby równomiernie pokryły się marynatą).

Piec ok. 6 minut na średnio rozgrzanym grillu (lub w piekarniku z grillem), smarując marynatą i często obracając.

Podawać na zieleninie, z połówkami pomidorków koktajlowych. Przybrać świeżymi ziołami.

Pizza Margherita

Zamiłowanie do tej włoskiej potrawy wyniosłam z... rodzinnego domu! Moja mama w podgorlickich Klęczanach piecze tradycyjny chleb, przy okazji powstają też podobne do pizzy podpłomyki. W dzieciństwie zajadałam się takimi placuszkami wprost z pieca, smarując je jedynie masłem i posypując solą lub, dla odmiany, odrobiną cukru.
Podpłomyki uwielbia też moja córka Ola. A że w Krakowie nie mam chlebowego pieca, w zastępstwie robię dla niej właśnie pizzę.
Oleńka najbardziej lubi Margheritę. Widać ma królewskie podniebienie, bowiem receptura na tę pizzę pochodzi od neapolitańskiego kucharza, który goszcząc w 1889 r. królową Małgorzatę Sabaudzką (stąd nazwa) przygotował placek z bazylią, serem i pomidorami. Trzy kolory dodatków miały symbolizować włoskie barwy.

ciasto:
40 dag mąki
30 g świeżych drożdży
1 łyżeczka cukru
250 ml wody
1 łyżeczka soli
2 łyżki oliwy

3 kulki mozzarelli (z wody)
3-4 ząbki czosnku
½ łyżeczki bazylii
½ łyżeczki oregano
sól
pieprz
1-2 świeże pomidory (wg uznania)
świeża bazylia do dekoracji

Drożdże rozpuścić w wodzie, dodać cukier. Na stolnicy usypać kopczyk z przesianej mąki, zrobić w nim dołek, wlać do niego wodę z posłodzonymi drożdżami. Wymieszać, dodać sól i oliwę, po czym wyrobić ręką na jednolite ciasto (można też wszystko wrzucić do dużej miski i od razu zagnieść albo połączyć używając miksera).
Blachę piekarnikową (44 × 36 cm) posmarować oliwą. Wyłożyć ciasto, na brzegach zrobić ranty – by podczas pieczenia roztopiony ser nie wypłynął. Kto chce, może uformować z ciasta dwie kule i ukształtować z nich dwa tradycyjne okrągłe placki.
Ciasto posmarować oliwą, następnie ułożyć pokrojoną w plastry mozzarellę, posypać posiekanym czosnkiem, ziołami, solą i pieprzem. Na wierzchu ułożyć obrane ze skórki i pokrojone w plastry pomidory. Piec w piekarniku nagrzanym do 220 st. C 20-25 minut, aż ser się roztopi, a placek lekko zezłoci na krawędziach. Gotową pizzę udekorować listkami świeżej bazylii.

Ewa podpowiada:
Na ciasto można wyłożyć wszystko, co akurat mamy pod ręką: sery (od pleśniowych po żółte), szynkę, kawałki wędzonej ryby, pieczarki, kapary, cebulę itd.

Jaja sadzone na śmietanie

Jajko jajku nierówne. Oczywiście te najsmaczniejsze są od moich rodziców z Klęczan, a raczej od kur z gospodarstwa moich rodzicieli... Bez tych jaj właśnie nie wyobrażam sobie życia (na drugim miejscu jest wiejskie masło). Niestraszna jest mi także ptasia grypa, gdyż ze wsi pochodzę i wiem, że pomór kur był zawsze. A przynajmniej od kiedy pamiętam... Grypy nie boję się także z tego powodu, że w kuchni przestrzegam paru prostych zasad, dzięki którym jajkami zajadam się niezależnie od prasowych doniesień. Do gotowania jaj używam oddzielnego garnka, a jeśli mam wątpliwości co do ich pochodzenia, przed użyciem zanurzam je na 2 sekundy we wrzątku i ptasim choróbskiem się nie przejmuję! Poniżej podaję więc przepis na smaczny jajeczny obiad.

4-6 jajek
2 szklanki śmietany 30%
pęczek koperku (zimą suszony lub natka pietruszki)
sól
pieprz

Na dużą patelnię wlać śmietanę i na wolnym ogniu gotować ją kilka minut – by trochę odparowała. Następnie wybić jajka (tak jak sadzone), posolić, przyprawić pieprzem i dusić, aż białko zetnie się całkowicie – żółtko ma pozostać płynne. Pod koniec dodać drobno posiekany koperek (zimą zastąpić go koprem mrożonym lub natką pietruszki).
Podawać z puree ziemniaczanym.

Ewa podpowiada:
Ten pyszny obiad często był robiony w moim rodzinnym domu. Zimą przyrządzam takie sadzone w śmietanie jajka na śniadanie – zamiast jajecznicy! Przed południem podaję je wszakże bez ziemniaczanego puree. By jednak jajka były smaczne, warto zwrócić uwagę na dwie rzeczy: od jakich kur pochodzą i czy są świeże. Po pierwsze: kupując jaja w sklepie dobrze jest spojrzeć na nadruki. Cyfra 0 przed PL oznacza chów ekologiczny, cyfra 1 – wolnowybiegowy, 2 – ściółkowy, 3 – klatkowy. Im niższa cyferka, tym jajko lepsze. Po drugie: jaja muszą być świeże. By to sprawdzić, wystarczy wsypać do szklanki łyżkę soli, zalać wodą do ¼ wysokości naczynia i wsadzić jajko. Jeśli opada na dno, jest świeże, gdy wypływa... lepiej, by posłużyło nam do wypieków albo nie używajmy go wcale! Dzieje się tak dlatego, że z biegiem czasu przez skorupkę dostaje się do jaja coraz więcej powietrza, które magazynowane jest w tzw. komorze powietrznej – w szerszym końcu jajka.

Jaja faszerowane

6 jajek
20 dag twarogu lub sera almette
2 łyżki musztardy (np. kremu z gorczycy z miodem)
kilka kropel sosu tabasco
kilka kropel sosu worcester
sól
pieprz
natka pietruszki, marynowane ogórki i papryka (do dekoracji)

Jajka ugotować, obrać, przekroić na pół. Żółtka wyjąć, przetrzeć przez sito razem z twarogiem (lub serem almette). Dodać musztardę, sosy tabasco i worcester, sól i pieprz. Wymieszać.
Pastę nałożyć do wydrążonych białek – przy pomocy cukierniczego rękawa, dość finezyjnie.
Dekorować marynowanymi ogórkami, papryką i natką pietruszki.

Pierogi

Zachęcam do jedzenia owoców i warzyw. W sezonie świeżych, poza sezonem mrożonych. W „Ewa gotuje" zrobiłam więc pierogi: z mrożonymi truskawkami oraz szpinakiem. Moja córka Ola przepada za pierogami z jagodami i babcinymi z serem na słodko – te ostatnie podaję z dobrą kwaśną śmietaną.

ciasto:

40 dag mąki
250 ml gorącej wody
1 jajko

mrożone truskawki
cukier

Na stolnicy usypać kopczyk z mąki, odrobinę zostawić na boku (przyda się podczas wałkowania). Zrobić dołek, do dołka wlać gorącą wodę i delikatnie wymieszać nożem – zagarniając mąkę do środka (ta czynność fachowo nazywa się zaparzaniem ciasta i właśnie takie ciasto jest najlepsze na pierogi).
Gdy woda z mąką zamieni się na stolnicy w „klajster", zrobić w nim dołek, do dołka wsypać odrobinę mąki i wybić jajko. Wszystko wymieszać nożem i wyrobić dłońmi – ciasto powinno być wolne, bo wtedy dobrze się klei, a po ugotowaniu będzie miękkie.
Wyrobione ciasto rozwałkować na grubość ok. ½ cm. Szklanką lub specjalnym pierścieniem wykroić krążki (można też wyciąć nożem paski o szerokości 7-8 cm i zrobić z nich zgrabne kwadraty), na środek każdego dać trochę cukru i umieścić na nim zamrożony owoc (w sezonie dać truskawki świeże, dobrze umyte), po czym skleić brzegi pieroga. Jeśli ciasto słabo się klei, brzegi posmarować wodą. Porządnie sklejone ugotować w osolonym wrzątku, a gdy wypłyną, odczekać jeszcze 2-3 minuty i przełożyć na chwilkę do zimnej wody, następnie odcedzić na sicie.
Po odcedzeniu polać obficie odparowaną śmietaną 36% lub zbrązowionym masłem.

nadzienie szpinakowe:

25 dag mrożonego szpinaku
25 dag białego sera
1 ząbek czosnku
1 łyżka masła
sól
pieprz

Szpinak rozmrozić. Masło roztopić na patelni, zeszklić czosnek. Dodać szpinak i smażyć, aż nadmiar wody odparuje. Dodać zmielony ser. Lekko przesmażyć. Przyprawić solą i dużą ilością pieprzu. Zrobić pierogi (wg przepisu na ciasto zamieszczonego powyżej). Podawać okraszone zbrązowionym masłem.

Ewa podpowiada:
Niejednokrotnie w książkach kucharskich pierogi oznakowane są jako dania trudne... Być może dlatego, że każda gospodyni ma swój „tajny" przepis na ciasto. A przecież podstawowe składniki zawsze są takie same: mąka, jaja i woda. Tyle tylko, że w proporcjach „na oko". Kręcąc „Ewa gotuje" podałam je dokładnie, by mniej wprawnym też się udało!

31

Naleśniki

Jest wiele przepisów na naleśniki. Niektóre zalecają zrobienie ciasta pół na pół z wodą i mlekiem, jeszcze inne dodanie śmietany lub oliwy. A nawet piwa! Ja polecam bardzo proste i smaczne ciasto naleśnikowe z dodatkiem wody gazowanej.

4 jajka
2 szklanki mąki
1 szklanka mleka
1 szklanka wody gazowanej
2 łyżki cukru
szczypta soli

nadzienie serowe:
25 dag białego sera
5 łyżek śmietanki
truskawki
1 łyżka cukru

ew. gotowy krem czekoladowy lub dżem
bita śmietana do dekoracji (z syfonu)

Jajka, cukier, sól i mleko wymieszać. Dodać mąkę, zmiksować. Dolać wodę i wyrobić na gładkie ciasto. Odstawić na pół godziny. Smażyć na teflonowej patelni – z obu stron, na złoty kolor (do smażenia najlepsze jest sklarowane masło).
Podawać z nadzieniem serowym (biały ser przetrzeć przez sito, posłodzić, dodać śmietankę) i truskawkami, ewentualnie z gotowym kremem czekoladowym lub dżemem. Dekorować bitą śmietaną.

W świątecznym podarunku

Uwielbiam *świąteczną krzątaninę, a ze świąt najbardziej lubię Wigilię. I to bynajmniej nie dlatego, że mam w tym dniu imieniny... Dawanie bowiem jest dla mnie dużo przyjemniejsze niż przyjmowanie, a moich bliskich obdarowuję w tym dniu wyśmienitą strawą.*

Wielkanoc to dla mnie przede wszystkim ciasta, wśród których baba zajmuje miejsce szczególne.

Wielkanoc

Przepis na pieczone mięsiwo przywiozłam z Wilczej Jamy w Bieszczadach, gdzie jadłam szynkę z dzika zrobioną wedle tej receptury. A ponieważ o dziczyznę nie jest łatwo, proponuję zastąpić ją młodą wołowiną lub karkówką.
Ale Wielkanoc to dla mnie przede wszystkim ciasta – wśród nich baba zajmuje miejsce szczególne. Najczęściej pieczona jest w Wielki Piątek, podawana w porze wielkosobotniego śniadania. A ponieważ tego dnia potraw mięsnych nie spożywamy w ogóle, babka szybko znika z talerza. Bywa więc, że wieczorem piekę babę raz jeszcze, by również i ona pojawiła się na wielkanocnym stole.

Pieczeń bieszczadzka

2 kg mięsa na pieczeń (np. wołowina, karkówka wieprzowa lub dziczyzna)
2-3 łyżki oleju
1 szklanka czerwonego wytrawnego wina
suszone śliwki do szpikowania

marynata:
1 łyżeczka ziaren jałowca
1 łyżeczka ziela angielskiego
1 łyżeczka ziaren pieprzu
2 liście laurowe
2 goździki
4 ząbki czosnku
1 łyżka soli

Zacząć od zrobienia suchej ziołowej marynaty. Jałowiec, ziele angielskie, pieprz, liście laurowe i dwa goździki umieścić w elektrycznym młynku do kawy (idealny do rozdrabniania przypraw) i mielić kilkanaście sekund. Zioła można też zmiażdżyć w moździerzu, a większą ilość przyprawowej mieszanki zrobić w malakserze.
Na suchej patelni rozgrzać sól i dodać zmielone przyprawy, mieszać przez kilka sekund, by wysoka temperatura uwolniła z ziół wszystkie olejki eteryczne. Pod patelnią zgasić płomień i dodać czosnek przeciśnięty przez praskę.
Mięso naszpikować suszonymi śliwkami i natrzeć suchą marynatą. Włożyć na parę godzin do lodówki. Następnie ze wszystkich stron obsmażyć w oliwie i przełożyć do gęsiarki.
Na patelnię wlać czerwone wino, chwilę podgrzewać (by płyn zebrał cały smak spod mięsa), po czym dodać do pieczeni.
Gęsiarkę włożyć na jakieś 2 godziny do piekarnika nagrzanego do 200 st. C. Podczas pieczenia co 15-20 minut zaglądać do mięsa i polewać je sosem spod pieczeni. Jeśli winny płyn zbyt szybko wyparuje, podlać bulionem lub przegotowaną wodą. Upieczone mięso jest doskonałe zarówno na ciepło, jak i na zimno – jako wędlina.

Ewa podpowiada:
Robiąc wielkanocną pieczeń proszę pamiętać o jednym: młynek nie nada się już do mielenia kawy. Chyba, że lubimy małą czarną aromatyzowaną jałowcem i zielem angielskim...

Goździki

Goździkowce rosną w pobliżu równika – w wilgotnym, morskim klimacie. Ich owoce zbiera się, zanim zakwitną, a następnie suszy w promieniach palącego, międzyzwrotnikowego słońca.
Po takiej kąpieli słonecznej goździki robią się brunatne i podobne do starych, zardzewiałych gwoździ. Nic więc dziwnego, że ich angielska nazwa „cloves" pochodzi od łacińskiego „claus", co oznacza gwóźdź właśnie.

Kiedy w 1605 r. Holendrzy zajęli Wyspy Korzenne, zredukowali plantacje goździkowca tylko do Moluków! Na całe szczęście w 1770 r. Francuzi wykradli drogocenną przyprawę i przemycili na Mauritius, skąd goździki zawędrowały w inne rejony świata. Dzisiaj uprawiane są także na Sri Lance, Madagaskarze i Grenadzie oraz w Indonezji, Malezji, Tanzanii i Zanzibarze.

Baba z Klęczan

½ kg mąki
35 dag cukru
25 dag masła
4 jajka
¼ szklanki mleka lub śmietany
3 łyżki kakao
1 łyżka proszku do pieczenia
1 cukier waniliowy

Masło utrzeć z 25 dag cukru, dodać żółtka i cukier waniliowy. Mąkę połączyć z proszkiem do pieczenia, przesiać, po czym na przemian z mlekiem (lub śmietaną) dodać do utartych z cukrem żółtek – cały czas mieszając. Gdy wszystkie składniki utworzą gładką masę dodać pianę z białek i delikatnie wymieszać. Następnie ciasto podzielić na dwie połowy i z jednej zrobić masę czekoladową: dosypać kakao i pozostałe 10 dag cukru. Formę na babkę (okrągła o pojemności 1½ l) wysmarować masłem i wysypać bułką tartą. Nakładanie ciasta zacząć od kilku łyżek masy białej, następnie dać kilka łyżek czekoladowej i tak do wyczerpania ciasta – bacząc, by na wierzchu była masa z kakao. Piec ok. 1½ godziny w piekarniku nagrzanym do 180 st. C.

Kakao

Kakaowiec jest drzewem niebagatelnym. Bynajmniej nie dlatego, że dorasta do 7 metrów – wszak przyroda zna rośliny dużo wyższe. Niecodzienność jest zasługą owoców i kwiatów, które wyrastają bezpośrednio na pniu lub starszych gałęziach.
W środku każdego owocu znajdziemy liczne (20-60), zatopione w miąższu nasionka. Choć zwane są ziarnami kakaowymi, w niczym nie przypominają kakao! Gdy owoce dojrzeją, wyjmuje się z nich śluzowatą zawartość i zostawia pod przykryciem na mniej więcej tydzień. W tym czasie dochodzi do fermentacji – nasiona ciemnieją i nabierają aromatu. Zanim jednak jako kakao „ucieszą" nasze podniebienia, trzeba je wysuszyć, uprażyć, pozbawić wierzchniej warstwy, zemleć i usunąć z nich tłuszcz.

Warto wiedzieć, że palma pierwszeństwa w przetwarzaniu kakaowca należy do prekolumbijskich Indian, zamieszkujących niegdyś Amerykę Środkową. To właśnie oni jako pierwsi przygotowali gorący wywar o nazwie „xocoatl". Ów przyprawiony wanilią napój tak przypadł do gustu odkrywcom Nowego Świata, że metodę jego produkcji zawieźli na Stary Kontynent. Europejczycy udoskonalili nieco indiański trunek, dodając do niego cukier (tak powstała czekolada). Później nauczyli się oddzielać masło kakaowe od reszty nasionka, co dało początek przemysłowej produkcji kakao.
Dziś kakaowce rosną w Ameryce Łacińskiej, Azji i Afryce – największe uprawy zlokalizowane są nad Zatoką Gwinejską.

Wigilia

Uwielbiam świąteczną krzątaninę, a ze świąt najbardziej lubię Wigilię. I to bynajmniej nie dlatego, że mam w tym dniu imieniny... Dawanie bowiem jest dla mnie dużo przyjemniejsze niż przyjmowanie, a moich bliskich obdarowuję w tym dniu wyśmienitą strawą.
Przygotowania do tej szczególnej wieczerzy zawsze zaczynam od grzybów, bo bez nich nie wyobrażam sobie Świąt Bożego Narodzenia. Suszone leśne grzyby dodaję do niemal wszystkich potraw wigilijnych: robię z nimi nie tylko uszka czy pierogi, ale także kapustę i kaszę, a prawdziwki dorzucam nawet do czerwonego barszczu. W „Ewa gotuje" widzowie mogli zobaczyć jak od podstaw, czyli od zakwasu, przygotować taki postny barszcz. Podpowiedziałam też jak wybrać wigilijnego karpia – po rybę specjalnie wybrałam się do Zatora, gdzie hodują karpie królewskie.

Barszcz zakwaszony w samą porę

zakwas buraczany:
1 kg czerwonych buraków
3 l wody
1 łyżeczka kminku
kawałek korzenia chrzanu (ok. 30 g)
1 główka czosnku
3 łyżeczki soli
szczypta cukru
1 kromka razowego chleba

Pokrojone buraki zalać letnią wodą, dać kminek, chrzan, czosnek, sól, cukier i kromkę razowego chleba. Odstawić pod przykryciem na 3-6 dni (najlepiej w kamionkowym naczyniu).

wigilijny barszcz:
100 g suszonych grzybów
włoszczyzna jak do rosołu (bez kapusty)
2 liście laurowe
5-6 ziaren ziela angielskiego
5-6 ziaren pieprzu
1-2 ząbki czosnku
natka pietruszki
zakwas z buraków
cukier
sól
½ cytryny

Przygotować wywar z suszonych grzybów i warzyw (grzyby uprzednio namoczyć). Przyprawić liśćmi laurowymi, ziarnami pieprzu i zielem angielskim. Ugotować. Przecedzić. Czosnek przecisnąć przez praskę na gazę, zawiązać, wycisnąć sok do sklarowanego wywaru (pod koniec można też zanurzyć w bulionie całe zawiniątko). Dodać zakiszony barszcz. Doprawić solą, cukrem i sokiem z cytryny – zupa powinna być słodko-kwaśna. Podgrzać, ale nie dopuścić do wrzenia, bo barszcz straci kolor. Podawać z posiekaną natką pietruszki.

Ewa podpowiada:
Zakwas buraczany przygotowuję wcześniej – zalany odrobiną oliwy może stać w lodówce lub piwnicy nawet parę miesięcy. Porcję z przepisu (ok. 2½ l gotowego zakwasu) zużywam znacznie szybciej.

Uszka

ciasto:
½ kg mąki
1 jajko
szczypta soli
ok. 1 szklanki gorącej wody

farsz:
100 g suszonych leśnych grzybów
1 cebula
masło do smażenia

Mąkę zaparzyć gorącą wodą. Dodać jajko i sól. Wyrobić. Rozwałkować bardzo cienko (dużo cieniej niż na pierogi). Wyciąć niewielkie kwadraciki, nałożyć farsz, skleić.

Ewa podpowiada:
W wersji oszczędnej do farszu można dodać pieczarki – pół na pół z leśnymi grzybami.

Karp

1-2 karpie
mąka
oliwa i masło do smażenia
cebula do przełożenia ryby

Sprawionego karpia podzielić na dzwonka. Włożyć do miski, przełożyć cebulą, odstawić na noc w chłodne miejsce. W Wigilię rybę wyjąć z cebuli, posolić, obtoczyć w mące. Usmażyć z obu stron w oliwie z dodatkiem masła.

Kapusta z grzybami

1 kg kiszonej kapusty
100 g suszonych grzybów
3 liście laurowe
1 łyżka ziela angielskiego

Grzyby namoczyć w wodzie (najlepiej przez całą noc). Kapustę kiszoną odcedzić. Przesiekać. Włożyć do szybkowaru. Dodać grzyby, liście laurowe i ziele angielskie, zalać wodą spod grzybów. Gotować 15 minut.

Ewa podpowiada:
Kapusty nie zasmażam, gdyż po świętach często robię na niej bigos. Mąka z zasmażki powoduje, że kapusta szybciej się psuje – po prostu zaczyna fermentować.

Ziemniaczki a'la młode

ziemniaki
mleko
woda do gotowania
1-2 ząbki czosnku

Ziemniaki obrać, pokroić na ćwiartki. Z każdej ćwiartki wyciąć małego ziemniaczka. Ugotować w wodzie z mlekiem (pół na pół) i czosnkiem. Posolić do smaku.

Kasza z grzybami

½ kg kaszy jęczmiennej mazurskiej
10-15 dag suszonych grzybów (ja używam borowików i podgrzybków)
2-3 łyżki masła
sól

Grzyby zalać wrzątkiem i odstawić na noc. Namoczone wyłowić i włożyć do kaszy. Delikatnie zlać wodę spod grzybów (tak, by cały osad pozostał w garnku) i zalać nią kaszę. Dodać masło. Uzupełnić wodą do poziomu 2 cm powyżej kaszy. Posolić do smaku. Gotować na małym ogniu, aż kasza wchłonie cały płyn (ok. 20 minut). Uważać, by się nie przypaliła. W razie potrzeby dolać wodę. Podawać z wiórkami chłodnego masła.

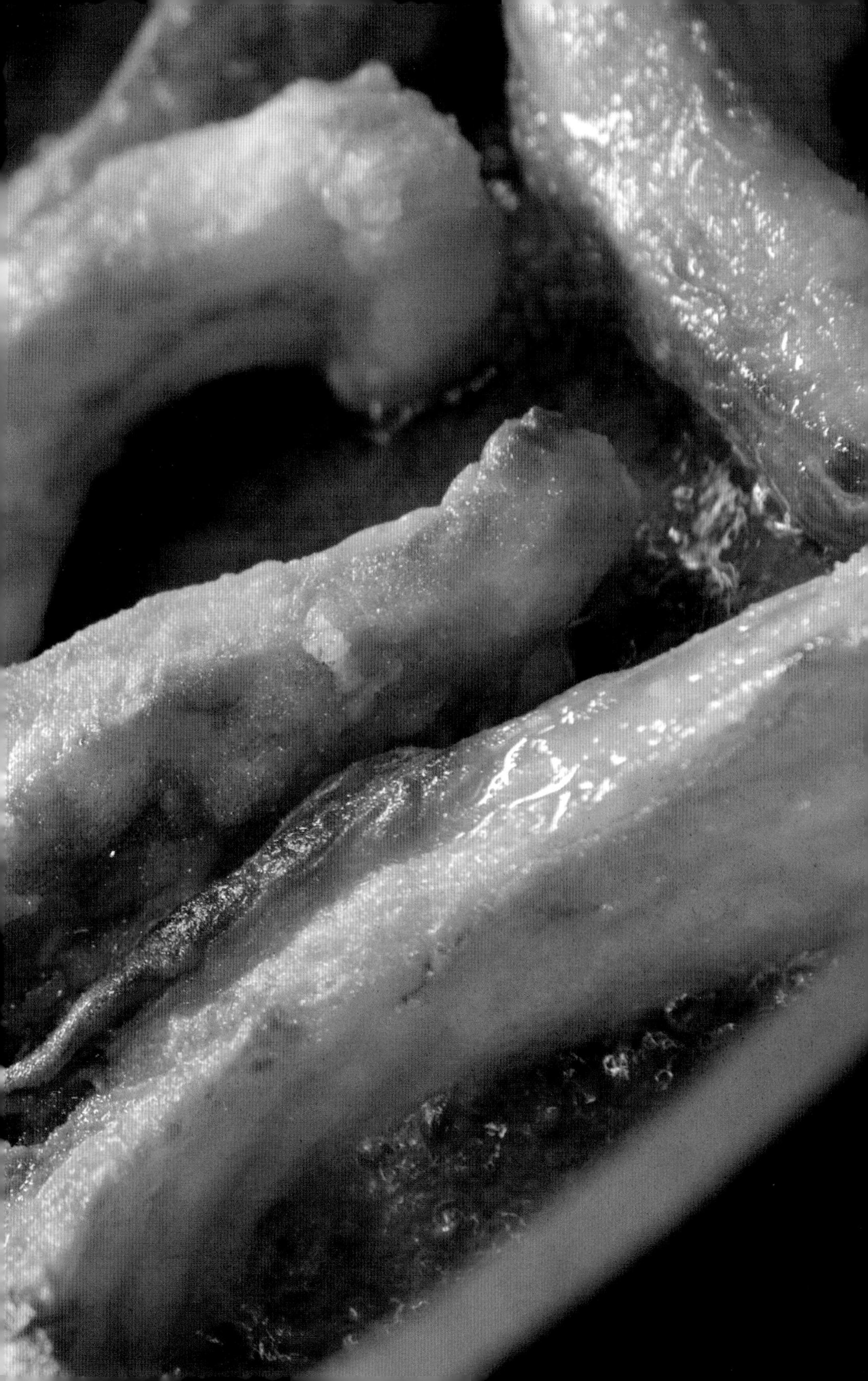

Sylwester

Na Sylwestra zazwyczaj robię potrawy bardzo pożywne, a do tego smaczne i zdrowe jak chociażby solidny wiejski żur z białą kiełbasą i boczkiem oraz regeneracyjny bigos. Pożywny żurek jest niezastąpiony podczas każdej imprezy, a w Nowy Rok można go podać na... śniadanie! Oczywiście nie bladym świtem, raczej koło południa. A bigos? No cóż, nie znam nikogo, kto nie zjadł mojego ciepłego bigosu po północy...

Bigos

75 dag kiszonej kapusty (odciśniętej)
75 dag białej kapusty
2 duże cebule
1 średnia golonka lub ½ kg karczku wieprzowego
1 kg mięsa (pieczenie wołowa i cielęca, kawałki pieczonego drobiu, różne wędliny, boczek, dziczyzna)
1 szklanka czerwonego wytrawnego wina
2 łyżki koncentratu pomidorowego
100 g suszonych grzybów
2-3 liście laurowe
kilka ziaren jałowca i ziela angielskiego
ok. 1 l rosołu lub wody z gotowania szynki
2 łyżki oliwy
sól
pieprz

Kapustę kiszoną odcisnąć (sok zachować, może się przydać do dokwaszenia bigosu), posiekać, zalać połową rosołu, dodać golonkę, liście laurowe, ziele angielskie i ziarna jałowca, po czym gotować do miękkości.
Białą kapustę posiekać, zalać wodą i gotować ok. 10 minut. Wodę odlać. Na patelni na oliwie podsmażyć posiekaną cebulę. Gdy się zezłoci, dodać ją do białej kapusty wraz z namoczonymi w wodzie suszonymi grzybami (trzeba je posiekać w paseczki) i wodą, w której się moczyły. Gotować do miękkości.
Ugotowane kapusty połączyć. Dolać resztę rosołu i koncentrat pomidorowy. Ugotowaną golonkę obrać ze skóry, mięso pokroić i dodać do kapusty. Pieczenie, wędliny, boczek, drób i – jeśli tylko mamy – dziczyznę pokroić w kostkę, podsmażyć na patelni i dodać do garnka. Doprawić sporą ilością pieprzu i soli. Wszystko gotować na wolnym ogniu ok. 1 godziny. Pod koniec dolać czerwone wino. Jeśli bigos jest mało kwaśny, doprawić pozostawionym sokiem z kiszonej kapusty.

Żurek wiejski na śniadanie

zakwas:

1 paczka płatków owsianych (400 g)
4 ząbki czosnku
1 kopiata łyżka mąki
3½ l ciepłej wody

żur:

4 białe kiełbasy
150-200 g boczku
liść laurowy
kilka ziaren ziela angielskiego
1 łyżka majeranku
2 ząbki czosnku
3 suszone kapelusze prawdziwków
½ szklanki kwaśnej śmietany
2 szklanki zakwasu
6 szklanek wody
1 łyżka oliwy
sól
pieprz

4 jajka na twardo, ew. 4 ugotowane ziemniaki

Płatki owsiane przesypać do kamionkowego naczynia, dodać mąkę i czosnek, po czym zalać ciepłą wodą, przykryć ściereczką i odstawić w ciepłe miejsce na 3 dni. Gotowy zakwas przelać do słoików i wstawić do lodówki (może tam stać nawet 3 tygodnie).
Drobno pokrojony boczek usmażyć na patelni w oliwie – na złoty kolor. Do garnka włożyć białą kiełbasę, liść laurowy, ziele angielskie, posiekany czosnek, suszone grzyby i połowę złocistego boczku. Zalać wodą, dodać roztarty w dłoniach suszony majeranek i trzymać na ogniu ok. 30 minut (biała kiełbasa musi się dobrze ugotować).
Zakwas przecedzić przez sito, dodać do garnka (łyżką odcisnąć płatki, by oddały cały swój smak). Doprawić solą i sporą ilością świeżo zmielonego pieprzu. Na samym końcu zaprawić kwaśną śmietaną. Podawać z jajkami lub ziemniakami i odrobiną podsmażonego boczku.

Desery

Choć *zbieram różne rzeczy, jedną kolekcją szczególnie mogę się pochwalić – kulinarnymi przepisami od moich przyjaciół i znajomych, jak też od całkiem obcych mi osób.*

Henryk jest Napoleonem kamery. Ja mam 175 cm wzrostu...

35

Ciasto pełne śliwek

Choć zbieram różne rzeczy, jedną kolekcją szczególnie mogę się pochwalić – kulinarnymi przepisami od moich przyjaciół i znajomych, jak też od całkiem obcych mi osób. Receptura na bardzo łatwe i szybkie, a jednocześnie pyszne ciasto śliwkowe pochodzi od Alicji Lisowskiej – mojej znajomej z Krakowa. Placek pamięta czasy PRL-u, kiedy trudno było dosłownie o wszystko, nawet o masło – stąd w przepisie znalazł się olej.

30 dag węgierek
6 jajek
6 łyżek oleju lub oliwy
1½ szklanki mąki
1 łyżeczka proszku do pieczenia
1 szklanka cukru
skórka otarta z cytryny
szczypta soli
wiórki kokosowe

Jajka zmiksować z cukrem i solą, dodać przesianą mąkę z proszkiem do pieczenia oraz olej (najlepszy będzie neutralny smakowo i zapachowo, np. z pestek winogron, lub oliwa). Na końcu uperfumować wszystko skórką otartą z cytryny.
Tortownicę o średnicy 26 cm wysmarować masłem, dno wyłożyć papierem do pieczenia, następnie posypać bułką tartą. Wylać ciasto (masa powinna mieć konsystencję gęstej śmietany), po czym wierzch szczelnie przykryć kokosem – to właśnie on w trakcie pieczenia nie pozwala śliwkom opaść na dno. Na kokosowej „pierzynce" ułożyć śliwki pozbawione pestek. Foremkę włożyć na 1 godzinę do piekarnika nagrzanego do 180 st. C. Przed wyjęciem sprawdzić patyczkiem czy ciasto jest upieczone.

Ewa podpowiada:
Jeśli pod ręką nie mamy kokosu, możemy zastąpić go mielonymi orzechami. A gdy i tych akurat zabrakło – nic straconego: placek i tak uda się wyśmienicie, a utopione w masie śliwki ukryjemy obracając gotowe ciasto do góry dnem i smarując grubą warstwą bitej śmietany.
Taki placek robię też z innymi owocami – doskonale smakuje z jabłkami, brzoskwiniami, borówkami lub truskawkami. Owoce miękkie, takie jak truskawki czy maliny, układam na placku dopiero po 10-15 minutach pieczenia. Do perfumowania zamiennie używam cukru waniliowego (jednocześnie można też dać cytrynową skórkę).

Wanilia

Strąki wanilii przypominają nieco nasz... zielony groszek. Zbiera się je, gdy dojrzeją. Następnie zanurza we wrzątku, a potem suszy – aż do uzyskania brunatnej barwy. Na ten banalny w gruncie rzeczy sposób preparowania laski wanilii wpadli Aztekowie (roślina pochodzi z Meksyku), później sztuki tej nauczył się od nich cały świat.
Wybierając suszoną wanilię trzeba zwrócić baczną uwagę na jej zapach i wygląd – powinna mieć mocny aromat i odpowiednią giętkość. Jeżeli kruszy się w rękach i prawie w ogóle nie pachnie – radzę jej nie kupować. Nie oznacza to rezygnacji z kulinarnych planów, bowiem wanilię można zastąpić cukrem waniliowym. Znacznie lepsza byłaby esencja, ale niestety trudno ją u nas dostać. Jeśli uda się ją kupić, to z powodu ekstraktywności należy używać jej z umiarem.
Miąższ wanilii ma słodki smak i delikatny aromat dobrego tytoniu. Dodawany jest przede wszystkim do wypieków, ale także do niektórych pikantnych potraw (np. z cielęciny).

Grzebyczki

Ciasteczka w kształcie grzebyczków nie tylko pięknie wyglądają. Mają jeszcze tę zaletę, że nie szkodzą figurze!

ciasto:

2 szklanki mąki
1 szklanka kwaśnej śmietany
1 margaryna
1 cukier waniliowy

nadzienie:

marmolada lub dżem

Składniki posiekać nożem. Zagnieść ciasto, zawinąć w folię i włożyć do lodówki na co najmniej pół godziny.
Schłodzone ciasto rozwałkować cieniej niż na pierogi. W miarę możliwości uformować prostokąt. Na kraj ciasta nałożyć pasek marmolady o szerokości ok. 1 cm. Kawałek z marmoladą złożyć dwa razy, odciąć od reszty ciasta. Poporcjować na kawałki, każdy delikatnie naciąć nożem. Ułożyć na blasze wysmarowanej masłem. Układając z każdego ciasteczka zrobić półksiężyc – tak, by nacięcia się otwarły. Piec 30-35 minut w piekarniku nagrzanym do 180 st. C. Przed podaniem posypać cukrem pudrem.

Czekoladowe serce i czekoladowe muffinki

Idealne na wszelkie wieczory we dwoje – także dlatego, że czekolada podnosi poziom hormonu szczęścia w organizmie.

2½ szklanki mąki
½ szklanki kakao
1 łyżka proszku do pieczenia
3 jajka
1¼ szklanki mleka
½ kostki masła
¼ szklanki cukru
¼ szklanki cukru brązowego
1 tabliczka czekolady
1 cukier waniliowy

lukier:
sok z ½ cytryny
cukier puder (ile zabierze)

Jajka utrzeć z cukrem i cukrem waniliowym. Naprzemiennie z mlekiem dodawać mąkę przesianą z proszkiem do pieczenia i kakao. Gdy masa będzie gładka, dodać roztopione i przestudzone masło. Żółtka można też utrzeć z cukrem, dodać mąkę, proszek do pieczenia, kakao i masło oraz pianę z białek. Na końcu wsypać pokrojoną w kostkę czekoladę. Wylać do formy wysmarowanej roztopionym masłem (ew. wysypanej wiórkami kokosowymi) i piec ok. 45 minut w 180 st. C. Foremki również wysmarować roztopionym masłem i ew. wysypać wiórkami kokosowymi. Masę nałożyć do ⅔ wysokości foremek. Piec 20-25 minut w 180 st. C. Ozdobić lukrem – utartym z soku z cytryny i cukru pudru.

Ciasteczka ryżowe

Ostatnio upiekłam je na szkolną zabawę mojej córki Oli. Recepturę na te pyszne i szybkie ciasteczka znalazłam w jednym z moich starych zeszytów z przepisami. Co ważne: w ryżowym przysmaku nie ma grama mąki, więc ciasteczka mogą jeść dzieciaki uczulone na gluten.

25 dag kaszki ryżowej błyskawicznej (lub bezmlecznego kleiku ryżowego)
25 dag masła
1 szklanka cukru
1 cukier waniliowy
1 płaska łyżeczka proszku do pieczenia
3 jajka
2 łyżki śmietany
3 łyżki kokosu

Masło utrzeć. Dodać cukier i cukier waniliowy, ucierać dalej. Dodać żółtka, śmietanę, proszek do pieczenia, kokos i kaszkę ryżową. Wymieszać dłońmi na gęstą masę. Delikatnie dodać pianę z białek. Palcami formować ciasteczka o nieregularnym kształcie i układać na blasze wysmarowanej masłem.
Piec 12-15 minut w 165 st. C – w piekarniku z termoobiegiem Bez termoobiegu 15-20 minut w 180 st. C.

Ewa podpowiada:
W przepisie podałam gramaturę kleiku ryżowego. W moim zeszycie był zapis „paczka kaszki ryżowej". Ponieważ wielokrotnie piekłam te ciasteczka, pamiętam konsystencję ciasta – gdy dodałam paczkę kleiku ryżowego wydało mi się zbyt rzadkie... A to dlatego, że dawne opakowanie kaszki miało 250 g, obecne niecałe 200 g. By ciasteczka się udały, dobrze jest kupić 2 paczki i odważyć ilość podaną w recepturze.

„Rzeszowiak”

Placek jest pracochłonny, ale – zadając sobie odrobinę trudu – w jednym dużym cieście łączymy trzy smaki: makowca, orzechowca i sernika. Przepis dostałam od mojej przyjaciółki Doroty Kurek, z którą studiowałam technologię żywności w krakowskiej Akademii Rolniczej. Ona z kolei ma tę recepturę od... swego męża Jacka. Od razu uspokajam wszystkich mężczyzn: Jacek nie zajmuje się domowymi wypiekami! „Rzeszowiakiem” poczęstowano go podczas biurowych imienin i deser tak mu zasmakował, że poprosił o przepis. Dorota upiekła ciasto, okazało się rewelacyjne, więc podesłała mi recepturę.

ciasto:

25 dag mąki
15 dag margaryny
10 dag cukru
2 żółtka
3-4 łyżki kwaśnej śmietany
1 łyżeczka proszku do pieczenia

masa makowa:

25 dag maku
½ szklanki cukru
2 jajka
kilka kropel aromatu migdałowego
1 łyżka masła
1 łyżka miodu

masa orzechowa:

35 dag orzechów włoskich
¼ szklanki cukru
1 łyżka masła
½ szklanki mleka
2 białka

masa serowa:

½ kg białego sera
20 dag masła
6 jajek
40 dag cukru pudru
10 dag rodzynków
1 cukier waniliowy
1 budyń śmietankowy
1 łyżka mąki pszennej

Żółtka utrzeć z cukrem. Mąkę przesiać, posiekać nożem z margaryną. Dodać utarte żółtka, śmietanę i proszek do pieczenia. Wyrobić. W razie potrzeby podsypać mąką.
Mak sparzyć i zemleć, dodać masło, cukier, żółtka, miód i aromat migdałowy. Utrzeć. Z białek ubić pianę, dodać do maku i delikatnie wymieszać.
Orzechy zemleć, zalać wrzącym mlekiem połączonym uprzednio z cukrem i masłem. Wymieszać. Przestudzić. Ubić pianę z białek, dodać do orzechów i delikatnie wymieszać.
Masło utrzeć z cukrem pudrem, cukrem waniliowym i żółtkami, dodać zmielony ser, budyń, mąkę i dalej ucierać. Dodać rodzynki. Wymieszać. Ubić pianę z białek, dodać do sera, wymieszać.
Ciasto wyłożyć do foremki o wymiarach 40 × 24 cm (wysmarowanej masłem i wysypanej bułką tartą). Na ciasto nałożyć pasek masy makowej, następnie pasek masy orzechowej – tak, by przykryły połowę placka. Następnie dać kolejny pasek masy makowej i zakończyć paskiem masy orzechowej. Przykryć warstwą masy serowej i piec 70-80 minut w 170-180 st. C.

Ewa podpowiada:
Ponieważ do placka potrzeba łącznie 10 jajek, pracę można sobie znacznie ułatwić. Zamiast ubijać pianę trzy razy, wszystkie białka wystarczy wybić do jednej miski, a na samym końcu ubić z nich pianę (dobrze jest też dodać szczyptę soli) i wmieszać do każdej z trzech mas: do serowej więcej niż połowę, do makowej i orzechowej po połowie tego, co zostanie.

Crostata

Przepis na ciasto o nazwie „crostata" dostałam od krewniaka – księdza Antoniego Pyznara, proboszcza z San Prospero nieopodal włoskiej Pizy. Postanowiła jednak zmodyfikować recepturę, dodając do placka wiśnie nadziewane migdałami. Nieco zmieniłam też kształt crostaty. Oryginalny przepis zaleca pieczenie ciasta na... patelni o średnicy dużego talerza. Ja zrobiłam ją w formie do tarty z ruchomym dnem, które pomaga w wyjęciu gotowego deseru.

ciasto:

25 dag mąki
15 dag masła
20 dag cukru pudru
1 jajko
skórka otarta z jednej cytryny
1 łyżeczka proszku do pieczenia

nadzienie:

45 dag powideł śliwkowych lub domowej konfitury
kilka rozmrożonych wiśni
kilka migdałów

Mąkę, proszek do pieczenia i cukier puder przesiać na stolnicę i posiekać z zimnym masłem. Gdy ciasto jest już grudkowate, dobrze wysiekane, zrobić w nim dołek i wybić jajko. Na ciasto zetrzeć na tarce skórkę z cytryny. Lekko wymieszać nożem, po czym szybko wyrobić dłońmi. Uformować walec (by ciasto łatwiej było podzielić), odciąć ⅓, zawinąć w folię i włożyć do lodówki.

⅔ ciasta rozwałkować na placek nieco większy niż forma do tarty (ew. tortownica o średnicy 28 cm). Foremkę położyć na cieście i nożem wyciąć kółko, następnie przełożyć kółko z ciasta do formy (jeśli nie jest teflonowa, należy wysmarować ją masłem i wysypać bułką tartą). Resztki ciasta zagnieść, podzielić na 2 części i zrobić z nich wałeczki, po czym lekko spłaszczyć kuchennym wałkiem i wyłożyć nimi boki foremki. Dociskając palcami uważnie połączyć ze spodem. By ciasto nie „wstało" w piekarniku, gęsto nakłuć je widelcem. Dla pewności zrobić tzw. ślepe pieczenie. Na wierzch ciasta dać papier do pieczenia i wysypać fasolę. Włożyć na 20 minut do piekarnika nagrzanego do 180 st. C. Po 15 minutach zabrać papier z fasolą i jeszcze chwilę podpiec na jasny, złoty kolor. Następnie wyjąć z pieca i posmarować powidłami lub konfiturą (dżemy się nie nadają – z powodu dużej zawartości pektyn bardzo się rozpiekają).
Odcięte wcześniej ciasto wyciągnąć z lodówki, cienko rozwałkować i pokroić na centymetrowe paseczki. Na powidłach ułożyć kratkę (ciasto dać też na brzegu placka), a w powstałe „okienka" wcisnąć nadziane migdałami wiśnie (migdały bez skórki!). Jeszcze raz włożyć do pieca na ok. 20 minut (temperatura bez zmian – 180 st. C). Piec, aż crostata złociście się zarumieni. Brzeg udekorować cukrem pudrem.

Bajkowy torcik jabłkowy

Niedawno dostałam bardzo miły mail od mojej koleżanki z akademika. Był to pretekst do fajnych wspomnień z beztroskich lat, ale też pożyteczna wymiana sprawdzonych... przepisów kulinarnych! Ten, który dostałam od Zosi, zaliczam do moich ulubionych. Jest to absolutnie tortowa wersja jabłecznika, przy której najlepiej udają się wspomnieniowe spotkania.

ciasto:

250 g mąki
100 g cukru
125 g margaryny
2 jajka
1 cukier waniliowy
2 łyżeczki proszku do pieczenia

masa:

¾ litra soku jabłkowego
1 cukier waniliowy
2 budynie waniliowe
4 łyżki cukru (jeśli budynie nie są słodzone)

do dekoracji:

½ l śmietany kremówki 36%
1 cukier waniliowy
1 łyżka mleka w proszku
kakao

1 kg jabłek

Mąkę z proszkiem do pieczenia przesiać na stolnicę. Dodać cukier, cukier waniliowy i margarynę. Posiekać nożem. Gdy ciasto jest już grudkowate, zrobić w nim dołek i wybić jajka. Wyrobić. Dno tortownicy (o średnicy 25 cm) wyłożyć papierem do pieczenia, boki posmarować masłem i lekko oprószyć bułką tartą. ⅔ ciasta rozwałkować i wyłożyć nim dno tortownicy. Resztę uformować w wałek, lekko rozpłaszczyć, wyłożyć boki formy i palcami połączyć ze spodem.

Przygotować masę. W połowie szklanki zimnego soku jabłkowego rozpuścić budynie, cukier i cukier waniliowy (jeśli budynie są słodzone, nie dawać cukru). Resztę soku postawić na gazie. Gdy się zagotuje, dodać do niego sok z posłodzonym budyniem. Cały czas mieszając zagotować jeszcze raz. Odstawić.

Jabłka (najlepsza będzie szara reneta) obrać i pokroić w cienkie plasterki. Ułożyć na cieście, wyrównać i zalać ciepłą masą budyniową. Piec ok. 70 minut w temperaturze 160 st. C.

Gdy ciasto ostygnie, udekorować bitą śmietaną z cukrem waniliowym i mlekiem w proszku (śmietaną można też posmarować rant ciasta).

Kartkę papieru złożyć na cztery. Wyciąć niewielkie otworki o różnych rozmiarach i kształtach (tak jak w łowickiej wycinance). Rozłożyć nad ciastem i dekorować posypując kakao – na śnieżnej bieli śmietany utworzy się bajkowy czekoladowy wzór.

Jabłecznik

Tradycyjny jabłecznik. Wyśmienity zarówno na ciepło, jak i na zimno.

1 kg jabłek
½ szklanki cukru
1 łyżeczka zmielonego cynamonu

ciasto:

3 szklanki mąki
szczypta soli
1 kostka masła
6 łyżek wody
1 jajko

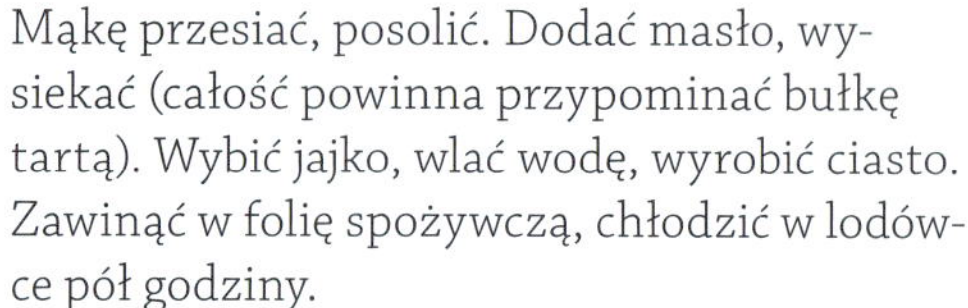

Mąkę przesiać, posolić. Dodać masło, wysiekać (całość powinna przypominać bułkę tartą). Wybić jajko, wlać wodę, wyrobić ciasto. Zawinąć w folię spożywczą, chłodzić w lodówce pół godziny.
⅔ ciasta cienko rozwałkować, ciastem wyłożyć tortownicę (20-23 cm) lub płytką formę na placek (wysmarowaną masłem i wysypaną bułką tartą).
Jabłka obrać, pozbawić gniazd nasiennych, pokroić na ćwiartki, poszatkować na szatkownicy. Wymieszać z cukrem i cynamonem, wyłożyć na ciasto.
Pozostałą część ciasta rozwałkować i taką „pokrywkę" nałożyć na ciasto z jabłkami. Brzegi skleić, w razie potrzeby przyciąć. Całość polukrować jajkiem. Na wierzchu wykonać 1-2 nacięcia.
Placek można udekorować „listkami" z ciasta lub ciastem o innych kształtach (wyciąć, np. przy pomocy foremek, i ułożyć na brzegu placka). Piec 20 minut w temperaturze 200 st. C. Następnie zmniejszyć temperaturę do 180 st. C i piec 30 minut, aż ciasto lekko się zrumieni. Placek podawać na zimno lub na ciepło, posypany cukrem pudrem, z lodami waniliowymi.

Cynamon

Najlepszy na świecie cynamon pochodzi ze Sri Lanki, choć uprawia się go także w innych krajach o klimacie tropikalnym. Przed laty 6-metrowe drzewa cynamonowca rosły jedynie na Cejlonie, czyli właśnie dzisiejszej Sri Lance, a pozyskiwana z nich kora była najcenniejszym towarem eksportowym tej egzotycznej wyspy. By natknąć się na dzikie drzewa cynamonowca, zbieracze zapuszczali się do dżungli, co było zajęciem dość niebezpiecznym (ponoć najlepszą, a co za tym idzie najdroższą korę pozyskiwano z okazów występujących w okolicach dzisiejszego Negombo nad Oceanem Indyjskim).

Współcześni cynamonowi „żniwiarze" mają dużo łatwiejsze zadanie. Niewysokie, młode drzewa rosną bowiem na stworzonych przez człowieka plantacjach! Z ich kory powstaje słodka a zarazem pikantna i przede wszystkim bardzo aromatyczna przyprawa. Pozyskiwanie cynamonu jest bardzo proste – korę ściąga się z łodyg i suszy na słońcu.
Na całe szczęście po drogocenną niegdyś przyprawę, której kradzież karano ponoć śmiercią, nie trzeba udawać się w zamorską podróż. Cynamon jest w ciągłej sprzedaży, a dostaniemy go w wersji mielonej lub w kawałkach (taki polecam), które można wrzucić do potrawy w całości lub zetrzeć na tarce.

Owoce z grilla

Na ruszcie świetnie udają się nie tylko różnego rodzaju mięsiwa, ale także owoce. Na grilla szczególnie polecam banany i ananasy.

Ananas w miodzie i winie

1 świeży ananas
2 łyżki miodu
2 łyżki czerwonego wina
½ l śmietany
1 cukier waniliowy
1 kieliszek ajerkoniaku

Z wina i płynnego miodu przygotować marynatę. Ananasa obrać, środek wyciąć, miąższ pokroić na słupki lub w krążki, posmarować marynatą, upiec na grillu (lub w piekarniku). Podawać z bitą śmietaną z cukrem waniliowym i ajerkoniakiem.

Banany z rumem

4 banany
½ szklanki rodzynków
1 kieliszek rumu
sok z ½ cytryny
2 łyżeczki cukru
1 łyżeczka cynamonu
bita śmietana do dekoracji
ew. świeża melisa

Rodzynki namoczyć w rumie. Banany przekroić wzdłuż na pół. Skropić sokiem z cytryny. Oprószyć cukrem wymieszanym z cynamonem. Nałożyć rodzynki. Zawinąć w folię i upiec na grillu lub w piekarniku (15-20 minut, 180 st. C). Podawać z bitą śmietaną z cukrem waniliowym. Można udekorować świeżą melisą.

Ewa podpowiada:
Ananasa można też przekroić wzdłuż na pół i wydrążyć specjalną łyżeczką (tak, by z miąższu powstały kulki). Miąższ posmarować marynatą, włożyć z powrotem do ananasowych „łupinek". Zapiec w piekarniku (180 st. C, 20-25 minut). Jeśli tak przygotowany owoc robimy na ruszcie, trzeba zawinąć go w folię aluminiową – w przeciwnym razie skóra się przypali, a środek pozostanie zimny.

Ananas

Ananas to prawdziwy kosmopolita strefy międzyzwrotnikowej. Pochodzi z Brazylii, do Europy przypłynął z Gwadelupy (wraz z Krzysztofem Kolumbem), uprawiany jest w wielu krajach tropikalnych.

Owoce ważą zazwyczaj ok. 2 kg. Zazwyczaj, bowiem naturze znane są odmiany miniaturowe, które można wyhodować w mieszkaniu na parapecie, oraz 10-kilogramowe ananasy olbrzymie. Co ciekawe: pyszne owoce o żółtym, soczystym miąższu rosną na niezbyt wysokich, najwyżej półtorametrowych krzakach. Ale uwaga: choć znajdują się nisko nad ziemią, dostęp do nich jest nieco utrudniony – z powodu długich, sztywnych i kolczastych liści.

Według mnie ananas najlepiej smakuje na surowo lub jako składnik sałatek. Zajadanie się nim zaraz po obraniu ma jeszcze tę zaletę, że dostarczamy organizmowi sporą dawkę witaminy C, której zawartość maleje podczas gotowania czy pieczenia. Mimo to sprawdza się też w ciastach i potrawach na gorąco – w tym drugim przypadku także dlatego, że będący składnikiem owocu rozpuszczalny błonnik jest przez nas przyswajany tylko po ugotowaniu. Warto jednak pamiętać, że w soku ananasowym znajduje się enzym o nazwie bromelina, który źle wpływa na krzepnięcie galaretek i żelatyny. Ale jednocześnie ta sama substancja ma dla naszego organizmu działanie zbawienne – pomaga bowiem w trawieniu białka. Ananasa, solo czy też w sałatce, warto więc podawać do tłustego mięsa.

Owoce są najlepszy i najsłodsze (zawierają ok. 14% cukrów), gdy bez problemu można oderwać od nich liściaste „pióropusze". Zazwyczaj jednak ananasowe żniwa odbywają się zanim w pełni dojrzeją (wówczas mają kolor od zielonego, poprzez żółty aż po czerwony – co zależy od odmiany), bo w przeciwnym razie nie zniosłyby trudów dalekomorskiej podróży.

Banan

Wprawdzie ojczyzną bananowców są Indie, ale współcześnie znajdziemy je w wielu innych, ciepłych rejonach świata. Ich owoce rosną w kiściach, a zdobi je kwiat wieńczący długą, podobną do węża ogrodowego łodygę. Najpopularniejsze i znane z naszych sklepów banany są dość duże (dorastają do 20 cm) i żółte. By bez szwanku dotarły na nasze stoły, zbierane są zanim dojrzeją (mają wówczas kolor zielony). W przyrodzie spotkamy też banany małe (wielkości palca), czerwone (o różowym miąższu), a także odmiany z... pestkami.

Dojrzałych bananów nie powinno się trzymać w lodówce, gdyż szybko ciemnieją. Proponuję więc nie kupować ich na zapas. Jadać banany naprawdę warto, bowiem nie tylko są bogate w witaminy A, C, K i B_6, ale zawierają też cukry, pektyny, niezbędne nam pierwiastki (fosfor, wapń i magnez), kwas foliowy oraz tryptofan – aminokwas pobudzający wytwarzanie serotoniny, zwanej hormonem szczęścia. Najlepiej więc sięgnąć po banany w szewski poniedziałek i w ten sposób poprawić sobie zły nastrój! Proszę przy tym jednak pamiętać, że te zdrowe i smaczne owoce są niestety... kaloryczne.

Tort czekoladowo-orzechowy

Do przyrządzenia tego deseru potrzebne są 3 tabliczki czekolady. Zawsze kupuję gorzką, bo zawiera więcej kakao niż czekolada mleczna. A to właśnie kakao powoduje, że po czekoladzie poprawia się nastrój.

30 dag gorzkiej czekolady
30 dag orzechów włoskich
25 dag masła
10 dag cukru
1 cukier waniliowy
6 jajek

20 dag czekolady i orzechy zemleć, wymieszać. 10 dag czekolady pokroić w kostkę. Masło utrzeć z cukrem, cukrem waniliowym i żółtkami. Połączyć z czekoladą i orzechami. Wmieszać pianę z białek. Ciasto przełożyć do tortownicy wysmarowanej masłem i posypanej bułką tartą. Dodać czekoladę pokrojoną w kostkę. Piec ok. 1 godziny w piekarniku nagrzanym do 190 st. C.

45

Ciasteczka orzechowe

Przepis na ten bardzo prosty i pyszny deser dostałam od znajomej, pani Ani Wydrych z Krakowa. Takie ciasteczka są idealne na wszelkie wypady za miasto, sprawdzają się też jako dodatek do popołudniowej herbaty czy kawy.

25 dag mąki
20 dag margaryny lub masła
7 dag zmielonych orzechów włoskich
7 dag cukru pudru

Mąkę z masłem wysiekać nożem. Dodać cukier puder i orzechy. Wyrobić ciasto. Na chwilę włożyć do lodówki. Następnie cieniutko rozwałkować (na grubość 3 mm). Przy pomocy foremek o różnych kształtach wyciąć gwiazdki, serduszka etc. Przełożyć na posmarowaną masłem blachę. Piec w piekarniku na złoty kolor (ok. 20 minut w 180 st. C). Posypać cukrem pudrem, przełożyć do pudełka.

Herbata

Ponoć herbatę wynaleziono przez przypadek... Kiedy prawie 5 tys. lat temu chiński cesarz Shen Nung podgrzewał sobie wodę do picia, chroniąc się przy tym w cieniu herbacianego drzewa, podmuch wiatru zaniósł kilka listków do wrzątku i tak właśnie władca zaparzył pierwszą herbatę.
Nie wiem ile prawdy jest w tej historii, ale jedno jest pewne – herbata pochodzi z Dalekiego Wschodu i wymyślili ją Chińczycy. Z Kraju Środka zwyczaj picia herbacianego naparu zawędrował do Japonii. Następnie herbata trafiła do Europy i dosłownie „rozlała" się po całym świecie.

Początkowo napar z suszonych listków był dla Europejczyków synonimem luksusu, ale bardzo szybko zyskał olbrzymią popularność i stał się składnikiem codziennego menu. Dzisiaj roczne, globalne zapotrzebowanie na herbatę wymaga zebrania plonu z ponad 9 miliardów herbacianych krzaczków! Nic więc dziwnego, że obsadza się nimi wielkie plantacje, położone 100-2000 m n.p.m. (im wyżej, tym plony są niestety mniejsze). Żniwa trwają zazwyczaj cały rok, w chłodniejszym klimacie są sezonowe. Najlepsza jest herbata z młodych pędów, z których zrywa się tylko... pączek i dwa górne listki. Prawie zawsze ta żmudna praca należy do kobiet, z których każda potrafi zebrać ok. 30 kg liści dziennie! Współcześnie herbaciane krzewy uprawia się przede wszystkim w Indiach, Chinach, na Sri Lance, w Afryce oraz Japonii.

Krem cytrynowy

Krem cytrynowy zrobiłam wedle zaleceń amerykańskiego lekarza, dr Roberta Atkinsa, który uważa, że można schudnąć jedząc dość tłusto. Z jednym wszakże wyjątkiem: na samym końcu dodałam do deseru świeże owoce, a tych w wysokotłuszczowej diecie należy unikać...

6 żółtek
7 łyżek słodziku
1 łyżka skórki otartej z cytryny (z 1-2 cytryn)
175 ml soku z cytryny (z 3-4 cytryn)
180 g masła
1½ łyżeczki żelatyny
1½ łyżki wody
375 ml śmietanki kremówki 36%

świeże owoce
skórka z limonki

Do rondelka wybić żółtka, roztrzepać. Dodać 6 łyżek słodziku, skórkę otartą z cytryny, sok z cytryny i masło. Cały czas mieszając podgrzewać na średnim ogniu 5-7 minut. Gdy masa zgęstnieje do konsystencji kremu, zdjąć z ognia i przecedzić do miski przez gęste sitko. Wystudzić, przykryć folią spożywczą i wstawić do lodówki na 1 godzinę.
Żelatynę rozpuścić w gorącej wodzie. Śmietanę ubić na sztywno z 1 łyżką słodziku. Pod koniec ubijania połączyć z żelatyną (wlewać stopniowo).
Do schłodzonej masy cytrynowej małymi porcjami dodać bitą śmietanę. Wymieszać. Chłodzić w lodówce 3 godziny. Udekorować świeżymi owocami i skórką otartą z limonki.

Ciasto cytrynowe

Choć placek z kremem cytrynowym upiekłam w programie o dietach zgodnych z grupami krwi, deser ten jest doskonały niezależnie od substancji płynącej w naszych żyłach. Tym bardziej, że ciasto robione jest na zdrowej mące orkiszowej, która wzmacnia odporność i przeciwdziała zmęczeniu.

ciasto:

1 kostka masła
¼ szklanki cukru
3 jajka
1 łyżka soku z cytryny
skórka otarta z cytryny
1½ szklanki mąki orkiszowej
¼ łyżeczki proszku do pieczenia
szczypta soli

polewa cytrynowa:

½ szklanki wody
sok z 2 cytryn
¼ szklanki miodu

Miękkie masło zmiksować z cukrem na masę o lekkiej puszystej konsystencji. Dodać ubite jajka, sok z cytryny i skórkę cytrynową. Stopniowo dodać przesianą mąkę, proszek do pieczenia i sól. Wymieszać.
Ciasto przelać do foremki keksowej o długości ok. 30 cm, natłuszczonej masłem i posypanej mąką. Piec ok. 45 minut w temperaturze 180 st. C.
Składniki polewy połączyć i gotować na wolnym ogniu, aż zgęstnieje. Ciepłe jeszcze ciasto polać polewą – tak, by zalała także boki. Wystudzić.

Mus czekoladowy

Mus czekoladowy powstał wedle zaleceń diety Michela Montignaca – z gorzkiej czekolady o ponad 70-procentowej zawartości kakao.

200 g gorzkiej czekolady 70%
4 jajka
1 łyżka rumu lub kilka kropel aromatu rumowego
50 ml mocnej kawy
szczypta soli
skórka starta z ½ pomarańczy

4 łyżki bitej śmietany
kilka listków melisy cytrynowej

W naczyniu do kuchenki mikrofalowej wymieszać kawałki czekolady, kawę i rum. Roztopić w mikrofali – 2 minuty na pełnej mocy (można też podgrzać w kąpieli wodnej). Wyjąć, wymieszać, wystudzić. Wbić żółtka, dodać skórkę z pomarańczy.
Białka ubić na sztywno ze szczyptą soli, pianę połączyć z wystudzoną masą czekoladową. Mus przełożyć do pucharków (ew. dużej salaterki). Chłodzić w lodówce co najmniej 5 godzin (aż stężeje). Ozdobić bitą śmietaną i melisą.

Kawa

Plantacje kawy znajdziemy w ponad 50 ciepłych krajach. Zawsze są to tropiki, bo kawowe krzewy nie znoszą niskich temperatur (mogą rosnąć jedynie w strefie międzyzwrotnikowej). Uprawy są kapryśne i wymagają pielęgnacji, o czym niegdyś boleśnie przekonali się Anglicy – licząc na zysk posadzili kawę na Cejlonie, interesu jednak nie zrobili, bowiem plony niemal w całości zniszczył grzyb.
W dogodnych warunkach owoce kawy dojrzewają przez mniej więcej 8 miesięcy. Gdy zrobią się czerwone, rozpoczynają się zbiory, które – podobnie jak w przypadku herbaty – są domeną kobiet. W środku znajdziemy dwa ziarenka. Trzeba oddzielić je od skórki i miąższu, wysuszyć, a potem posortować, spakować i wysłać do kraju przeznaczenia, gdzie kawa poddawana jest procesowi palenia, po czym trafia do klienta.

Mniej więcej ¾ światowych upraw to arabica, rosnąca na dużych wysokościach. W smaku jest dużo szlachetniejsza od swej krewniaczki robusty, której krzewy sadzi się znacznie niżej (robusta zawiera więcej kofeiny niż arabica, jest ostrzejsza i mniej więcej o połowę tańsza – nic więc dziwnego, że to właśnie ona służy do produkcji kawy rozpuszczalnej).

Indeks

Tytuł
Ewa gotuje

Autor
Ewa Wachowicz

Redakcja
Dariusz Wojtala

Zdjęcia z planu
Rafał Ziętara

Zdjęcia z Sri Lanki
Rafał Ziętara, Ewa Wachowicz, Dariusz Wojtala

Projekt graficzny
Władysław Pluta

DTP i prepress
Piotr Hrehorowicz, Małgorzata Punzet, Inter Line
www.interline.com.pl

Korekta
Natalia Wojtala

Druk i oprawa
Intro-Dajwór, Kraków

Wydanie I

ISBN 978-83-60169-01-8

Wydawca
Ewa Wachowicz – PROMISS
ul. ks. S. Pawlickiego 2/40
30-320 Kraków
tel. 012 266 79 48
e-mail: ewa@promiss.pl
www.ewawachowicz.pl